競技力が上がる体づくり

ラグビーの
フィジカル
トレーニング

JN108605

著 太田千尋

協力 臼井智洋

ベースボール・マガジン社

これが一番の近道

確実に積み上げていく

何が必要なのかを分析して

　ラグビーは、誰にでも可能性がある競技です。体格や運動能力、スキルは人それぞれ差がありますが、どんな人にも活躍できる場所があります。

　ただし、ラグビーで活躍するためには、『体』というしっかりとした土台が必要です。頑丈な土台があることで、ケガをせずにハードな練習をこなし、試合を繰り返して、成長していくことができます。そう考えれば、ラグビーで成長するためには、フィジカルの強化が必要不可欠であることを理解できると思います。

　とくにラグビーは多様性のある競技なので、土台となるスピード、筋力、柔軟性が高まることで、プレーの可能性が広がり、さらにはケガの予防にもつながります。これらの要素を計画的に向上させていくことが、ラグビーをプレーするす

べての人にとって大切であるといえます。

　ただ、そうした要素をいかに計画的に向上させていくか、という点については、これまで体系的に整理されていませんでした。トレーニングに関する情報はたくさんありますが、それをラグビーにつなげていくことに関しては、曖昧なまま行われていることが多くあります。

　そこで私たちは、自分がラグビーでどんなパフォーマンスを発揮したいのかを明確にイメージし、そのために必要な要素を分解して、積み上げていくうえでの基準として、『パフォーマンスゴール』という軸をつくりました。

　何を積み上げていかなければならないかは、人によって違いますから、まずは何が自分に必要なのかを分析することが第一歩になります。そこからそれを高め

るためのメニューを選択し、確実に積み上げていく。一見すると遠回りのように思いますが、実はこれが成長するための一番の近道です。

　そして、こうしたフローを体系化したものが、『パフォーマンスゴール』を基準とするフィジカルトレーニングです。本書では、その流れと方法を解説しており、自分の課題に応じて必要なメニューをピックアップし、克服につなげていくことができる構成になっています。

　この本が、多くのラグビープレーヤーにとってパフォーマンス向上の一助となることを願っています。

ストレングス＆
コンディショニングコーチ
太田千尋　臼井智洋

Contents

Contents

Part 4 スキルプレップ……125

協力	(公財)日本ラグビーフットボール協会
モデル協力	福田匡祐

デザイン	チックス.
写真	阿部卓功
	ベースボール・マガジン社
CGイラスト	牧野孝文
イラスト	丸口洋平
撮影協力	東京リゾート&スポーツ専門学校
編集協力	直江光信
	プロランド

本書で紹介する種目を実施した結果生じた事故や傷害について、著者・発行者は責任を負いません。ご了承ください。

本書では、ラグビーの競技力アップに役立つ、体づくりのトレーニングを紹介しています。まずは、「メディカルプレップ」で土台づくりをして、次に「フィジカルプレップ」で基礎的な筋力やスピードを高め、「スキルプレップ」を通して、より競技に即した能力を高める構成になっています。無理のないように実践してください。

紹介するトレーニング
メディカルプレップ 30 項目
フィジカルプレップ 28 項目
スキルプレップ 20 項目
コンディショニング 6 項目

トレーニングの基本ページ

主な動作やねらい
トレーニングの端的な説明と強化項目。「対応するプレー」とともに、自分に必要な種目の選択に便利。

トレーニング名
一般的なトレーニング名に加え、オリジナルのネーミングも。

目的 このトレーニングの目的に効果などもプラス。

回数
目安となる1セットあたりの回数。各種目1〜3セットの範囲で行う。

ターゲットの部位
意識したい、ターゲットとなる主な部分。

対応するプレー
ラグビーのどんなプレーに対応するかを表記。

ターゲットの能力
意識したい、ターゲットとなる主な能力。

時間
目安となる1セットあたりの時間。各種目1〜3セットの範囲で行う。

Variation
そのトレーニングのバリエーション種目であることを示す。

✕
間違ったフォームで動いている人に、NGを促す。

！
トレーニング時に、ポイントとなることや注意したいこと。

Advice
トレーニング時のさらなる助言や応用的なアドバイス。

「パフォーマンスゴール」についてのページ

競技力を上げるために明確にしなければならないのが「パフォーマンスゴール」。一つひとつの階層を知ってゴールにつなげていくことを解説。

体の可動域をチェックするページ

ラグビーにおいて必要な体の可動域をチェックするページ。このほか体を支える筋力などチェックする方法を4メニュー、6ページにわたって紹介。

Part

パフォーマンスプレップ

ラグビーにおいて発揮したい動き＝パフォーマンスを
向上させるためには、それに必要な筋力や可動性、安定性を
身につける準備＝プリパレーション（プレップ）が大切です。
ここでは、最終的に発揮したいパフォーマンスのゴールに
到達するまでの流れを説明します。

1 パフォーマンスのゴールにつなげる『パフォーマンスプリパレーション』

流れの中での動きをイメージする

ラグビーには、キャッチパスやキック、コンタクトといったプレーがあり、それぞれの間にランがあります。そうした流れの中でどんな動きをするのかをしっかりとイメージし、その動きを向上させるための方法を選択することが、競技レベルに関わらずラグビーのトレーニングでは大切です。

ラグビーのプレーを構成するさまざまな要素の中で、もっとも重要なものの一つが、一瞬でスピードを上げる加速力です。アタックでもディフェンスでも、すばやく相手との間合いを詰めるためには、加速力がポイントになります。そして鋭く加速するためには、全身を使い地面にしっかりと力を伝え、反発力を使って前に出る姿勢をとれるようにならなければなりません。

また、スプリントで大切になるのが、体全体で弓のような形を描く『トータルアーチ』であり、骨盤から膝を上げる『シャープニー』です。もう一つ、ラグビーで欠かせないのが「ローボディーポジション」、低い姿勢で前に出られるようになることです。そのためには背中をフラットにして（『フラットバック』）、骨盤を立て、目線を前に向けて（『アイズアップ』）、相手よりも重心を低くする——といったことがポイントになります（図2、図3）。

パフォーマンスゴールを明確にする

こうした姿勢や動きを自由にとれて、パワーを伝えられる体をつくり上げていくことを、われわれは『パフォーマンスプリパ

図1 パフォーマンスプリパレーション　プロセス

パフォーマンスゴール	チームパフォーマンス	個人パフォーマンス
ボトルネック	評価	
スキルプレップ　最大スピード　最大パワー（コンタクト）　フィットネス		
ボトルネック	評価	
フィジカルプレップ　　　バランス　ストレングス　スピード／パワー		
ボトルネック	評価	
メディカルプレップ　　　安定性　可動域　アライメント　傷害		
フェイズ		

10

レーション』と呼んでいます。

『パフォーマンス』とはラグビーにおいて発揮したい動きを指し、『プリパレーション（プレップ）』とは、その動きをできるようにするための筋力や可動性、安定性を身につける準備のことを指します。

10ページの図1は、パフォーマンスプリパレーションのプロセスを表したものです。パフォーマンスゴールを明確にしたうえで、まず一番下の階層である『メディカルプレ

ップ』で、土台となる安定性や可動性を高めたり、ケガを改善したりします。

次に『フィジカルプレップ』で基礎的な筋力やスピードを高め、『スキルプレップ（フィールドプレップ）』を通して、さらにそれをより速く、持久的に繰り返す能力を高めていきます。それによって最終的に、パフォーマンスゴールにつなげていく。これが、本書で解説する『パフォーマンスプリパレーション』の考え方です。

図2 個人パフォーマンスゴール

	コーチングキュー	パフォーマンスポスチャー
達成したい動作である「パフォーマンスポスチャー」を視覚化し、共有言語を「コーチングキュー」として持つ	トータルアーチ シャープニー	スピード トップスピード／アクセラレーション（加速）
	ディップ ロングスパイン	コンタクト タックル／ボールキャリー
	シンク／ロングスパイン フラットバック	スクラム
	トリプルエクステンション ロングスパイン	ラインアウト ジャンプ
	トータルアーチ／シャープニー ヒップロック	ジェネラル ステップ／パス／キック

ディップ:ヒップヒンジ／フラットバックを維持したまま重心を落とす
ロングスパイン:フラットバック同様、骨盤から間にある脊柱、そして頭部までを長い棒をイメージして伸ばす
シンク:スクラムなどで、膝を落とし込むようにさらに低くする
トリプルエクステンション:股関節、膝関節、足関節を同時に伸ばす（下肢全体で地面を押す）
ヒップロック:お尻を岩のように固める（股関節が動かないように止める）

図3 パフォーマンスポスチャーとコーチングキュー

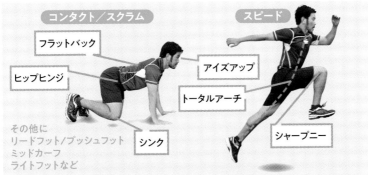

コンタクト／スクラム　　スピード

フラットバック
ヒップヒンジ
アイズアップ
トータルアーチ
シンク
シャープニー

その他に
リードフット／プッシュフット
ミッドカーフ
ライトフットなど

ライトフット:地面に力を加え過ぎず、いつでも動けるように足が地面についたらすぐ上がってくる（タップするような）イメージ。真夏の砂の上を裸足で走る感覚に近い

2 高いクオリティで繰り返すこれが試合で勝つ、ケガを予防する条件

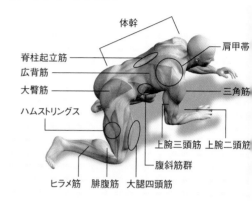

ローボディーポジション

体幹
肩甲帯
脊柱起立筋
広背筋
大臀筋
三角筋
ハムストリングス
上腕三頭筋　上腕二頭筋
腹斜筋群
ヒラメ筋　腓腹筋　大腿四頭筋

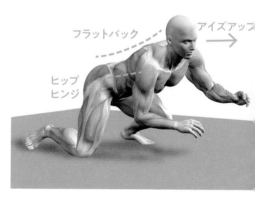

フラットバック
アイズアップ
ヒップ
ヒンジ

自分のボトルネックを見つけて改善する

　試合で勝つためには、スプリントする、タックルするといった一つひとつのプレーを相手より速く、高いクオリティで繰り返せるようになる必要があります。こうした『スキルプレップ』ができていなければ、パフォーマンスゴールには到達できません。

　一方、そうした実戦的なラグビーの動きの前段階で、自分の体重をしっかりと支えられる筋力や安定性、基礎的なスピードといった要素が必要になります。もしそこに課題があれば、そこを改善することによって上の階層が向上します。

　また体が硬く動きが制限されていたり、正しい姿勢がとれなかったり、ケガをかかえていたりといった状態では、そもそも本来の筋力を発揮することができません。その場合は、そうした課題を改善することで、上の階層が向上します。

　そうやって、トップダウン方式で自分のボトルネック（上の階層に進もうとしたと

きに、下の階層で支障となっている課題）を見つけ、それを解決することで成長を促進し、パフォーマンスゴールに近づいていくわけです。

キーワードをはっきり理解して取り組む

　たとえば「最大スピードを上げたい」というテーマがあったとしましょう。スピー

Part
1
パフォーマンスプレップ

Part
2
メディカルプレップ

Part
3
フィジカルプレップ

Part
4
スキルプレップ

Part
5
コンディショニング

ランニングポジション

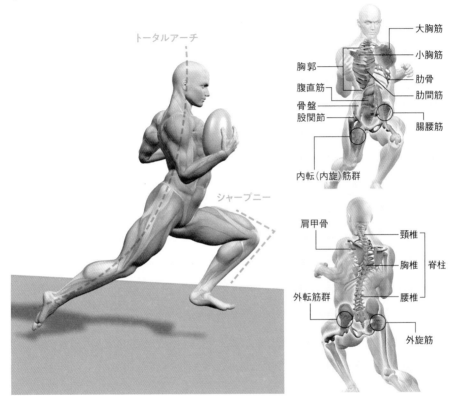

トータルアーチ

シャープニー

大胸筋
小胸筋
胸郭
肋骨
腹直筋
肋間筋
骨盤
股関節
腸腰筋

内転（内旋）筋群

肩甲骨
頸椎
胸椎　脊柱
外転筋群
腰椎

外旋筋

ドを上げるためには、自分の体重を速く移動させなければなりませんが、そもそも自分の体重を支える筋力がなければ、いくらスピードトレーニングをやったところでスピードは上がりません。

　トレーニングを行ううえでもう一つ大事になるのが、キーワードを理解することです（11ページ図2、3）。『トータルアーチ』や『フラットバック』、『アイズアッ

プ』、『ヒップヒンジ』（股関節を折って引き込む）といったキーワードを意識することで、メニューの目的が明確になりますし、トレーニング内容の理解度も大幅に高まります。

　ここが曖昧なまま進めると、求める成果を得られないので、明確に理解したうえで取り組むようにしてください。

トレーニングプラン設計

トレーニング計画を立てる際は、パフォーマンスゴールの考え方からプランニングしていくことが大切です。チームが目指す『ゴール』を明確にし、そこにたどり着くために必要な練習を洗い出して、どう組み合わせれば実現できるかを考えていきます。

一つの方法として、この日はスピードにフォーカスしたメニューを行う『スピードデー』、この日はコンタクト強度の高いメニューを行う『コンタクトデー』という形で、週の中で日によってトレーニングにメリハリをつけるやり方があります。こうすることで、選手は「今日はスピードデーだからこういう準備をしよう」というように、その日のターゲットを理解して取り組むことができます。それによって準備がしやすくなりますし、練習の質も向上します。

また、試合のような高強度の練習を毎日行うと、必然的にケガが起こりやすくなります。スピードやパワー、筋力、持久力などのターゲットを1週間の中で分散させることで、「今日はスピードをゲームより高くする」「今日はコンタクト強度（頻度）をゲームより高くする」というように、試合より高い負荷をかけられるようになります。これを『オーバーロード』といいますが、こうした方法を取り入れることで、効率的に能力を高めていくことができます。

もちろん、毎日いろいろな要素をまんべんなく行う、というやり方がダメというわけではありません。ただ、そうしたやり方はどうしてもマンネリに陥りやすくなります。ゴールを起点に、しっかりと計画を立てて練習をプランニングすることが大切です。

1週間のトレーニング負荷調整の例

週間のトレーニングプランを設計する際に、曜日ごとのフォーカスに加えて、負荷(=強度×時間)の強弱を考慮する。
左グラフは毎日同じ負荷になり、マンネリに陥りやすいパターン。右グラフは『オーバーロード』する練習日やリカバリー日を設けることでメリハリのあるパターン。
※左右のグラフは負荷の強弱を図式化したイメージ例

Part

メディカルプレップ

パフォーマンスプレップのプロセスでベースとなるのが、
メディカルプレップです。
ケガや可動域の制限、関節の不安定性を改善し、
正しい姿勢や動きを身につけることで、
その先の段階に進んだときに力を発揮できるようになります。
まずはアセスメント（評価・査定）メニューで
自分の課題を明確にしましょう。

パフォーマンスゴールのベースになる『メディカルプレップ』

具体的にいうと、ケガをしていたら、その部分を治療して回復させなければいいプレーはできません。また力を発揮するためには、正しい姿勢がとれること、可動性と安定性を備えていることも重要になります。

可動性と安定性は分けて考えがちですが、大切なのは『自分の体を支えられる範囲を広げる』ことです。可動性というと、「ここまで動かせる」といった単なる体の柔らかさを指すイメージがありますが、実際には大きく動かすだけでなく、動かした位置で安定できなければなりません。ですから、可動性と安定性はつねにセットで考えることが大事です。そのうえで、しっかりとした姿勢をとるアライメントが求められます。

可動性と安定性をセットで考える

『メディカルプレップ』とは、パフォーマンスプリパレーションのプロセスにおいてもっとも下の階層になる部分で、ラグビーをプレーするうえでのベースになります。メディカルプレップと呼んでいる理由は、可動性や安定性、アライメントなどを医学的な見地から改善していく、というところからとっており、主に『メディカル』と呼ばれる分野のスタッフが担当するステージです。

現状を評価し課題をメディカルプレップで解決

たとえば、うつ伏せの状態で足を前後に大きく開いて動く『アリゲーターウォーク』は、多くのチームが取り入れているトレーニングです。ただ、その動きを行うだけではあまり意味がありません。

前後の足で自分の体重をコントロールできているか、アイズアップできる胸椎（背骨の胸部分）や股関節の可動域が十分にあり、正しい姿勢がとれているか、といったポイントを押さえることで、トレーニング

●定期的なアセスメント

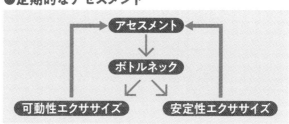

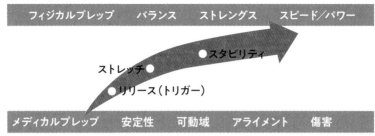

●メディカルプレップのフロー

| フィジカルプレップ | バランス | ストレングス | スピード／パワー |

スタビリティ

ストレッチ

リリース（トリガー）

| メディカルプレップ | 安定性 | 可動域 | アライメント | 傷害 |

の質を向上させ、実際のプレーにつなげることができます。そうしたことをチェックし、課題を解決していくのが、『メディカルプレップ』になります。

流れとしては、最初に解説する4つのアセスメントメニュー（ウォールスクワット、相撲ツイスト、ウォールヒップフレクサー、シングルレッグスクワット）で、自分の現状を評価します。それによって、何が課題でどんな要素が必要なのかを洗い出し、メ

ディカルプレップのメニューを通して解決していきます。

なお、このパートでは『リリース』という言葉が出てきますが、これは「ほぐす」に近い意味で、固まった筋肉と筋膜の滑りをよくすることを指します。筋肉が固まった状態でストレッチを行ってもうまく伸びないこともあり、補助的にリリースで柔らかくしてから、ストレッチで伸ばしていくようにしましょう。

●可動性と安定性の関係

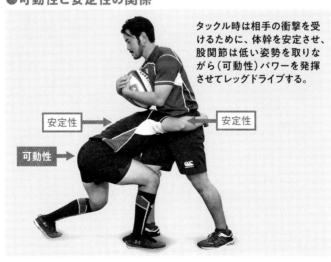

タックル時は相手の衝撃を受けるために、体幹を安定させ、股関節は低い姿勢を取りながら（可動性）パワーを発揮させてレッグドライブする。

安定性　　　　安定性

可動性

ウォールスクワット

目的 ウォールスクワットの体勢を横向きにすると、タックルやスクラムの姿勢になる。体が硬くその姿勢が正しくとれないと、頭が下がった状態でヒットすることになり危険。その原因がどこにあるかを、これらのメニューでチェックする。

ターゲットの部位 胸、背中、肩、股関節、足首

1

手をY字に広げ、肩幅または肩幅よりやや広めの足幅で壁に正対する。おでこ、手、膝、つま先を壁につけたまま、腰を落としていく

2

膝とお尻の高さが同じ（パラレル）になるまで下ろすのが理想。上半身（胸、背中）の柔軟性がないと、下まで腰が落ちない

Check

胸と背中をチェック

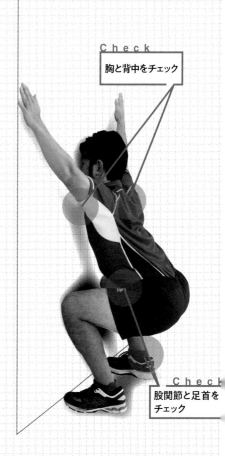

Check

股関節と足首をチェック

ボトルネック対応表

エラー	ボトルネック	コレクティブエクササイズ (メニュー番号)
手順1・2で手をY字に維持できない	胸椎	20~27
手順2・4でパラレルまでしゃがめない	股関節	9~17
手順2・4で足首に詰まりを感じる	足首	5~7

3 次に手を下ろした状態で、同じようにおでこ、膝、爪先を壁につけて、腰を落としていく

4 この形は股関節と足首の柔軟性をチェックできる。何が自分の課題かを把握するのが、パフォーマンスプレップの入り口だ

Check
股関節と足首を
チェック

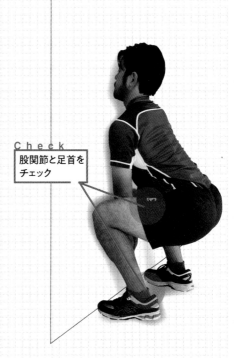

Part
1
パフォーマンスプレップ

Part
2
メディカルプレップ

Part
3
フィジカルプレップ

Part
4
スキルプレップ

Part
5
コンディショニング

相撲ツイスト

目的 このメニューでは、股関節と足首、胸椎の可動性をアセスメントする。この姿勢が正しくとれるかどうかで、ボトルネックになっている部位が判別できる。原因を見つけピンポイントで課題を改善することで、正しい動作ができるようになる。

ターゲットの部位 胸、背中、肩、股関節、足首

1 足幅を肩幅にして、四股のように腰を下ろし、胸の前で手を合わせる。そこから上半身をひねりながら、片手を上げていく

2 手が天井に向かってまっすぐ上がるのが理想。内転筋(ももの内側の筋肉)と背中の柔軟性をチェックできる。左右行う

Check
股関節と足首をチェック

かかとが浮かないように

Check
目線は指先に

Check
胸椎をチェック

Check
内転筋と背中をチェック

✕ 手が上がっておらず、かかとが浮いている。

肘で膝を外へ押す

ボトルネック対応表

エラー	ボトルネック	コレクティブエクササイズ(メニュー番号)
腰を下ろしにくい	股関節	9、11、13～16
かかとが浮いている	足首	5～7
手がまっすぐ上がらない	胸椎	20、22～25

メディカルプレップ 03 ラグビーに必要な体の可動性をチェックする

ウォールヒップフレクサー

目的 このメニューでは、股関節の前面と腰、胸椎の柔軟性をチェックする。体がきれいなアーチを描くようになるのが理想。どこが自分のボトルネックになっているかを見つけ出し、それに応じたメニューを行うことで、課題を克服していく。

ターゲットの部位 胸、背中、肩、股関節、足首

(斜めから)

片膝立ちの状態で後ろ足のつま先を壁につける。両手を上げて上半身を後方に反らし、頭と手を壁につける

(真横から)

体のラインがきれいなアーチを描くのが理想。後ろ足の股関節前面と胸の柔軟性をチェックできる。左右行う

目線は指先に

アーチをつくる

前足の膝と股関節は90度

Check
腰の詰まり感をチェック

Check
後ろ足の股関節と胸をチェック

ボトルネック対応表

エラー	ボトルネック	コレクティブエクササイズ（メニュー番号）
きれいなアーチが描けない	股関節	9
胸椎の柔軟性がない	胸椎	20、21、23、26

シングルレッグスクワット

目的 トレーニングによって重くなった自分の体重を片足でしっかりと支えられる筋力（体重支持筋力）を身につけることで、スタートダッシュ時やステップを切ったときに力を発揮できる。この筋力が足りないと体重の重さに負けて、膝が崩れたりする。

ターゲットの部位 太腿、足首、股関節

1 片足立ちになり、両手は腰につけてセット。体幹を固め、背中がまっすぐの姿勢を維持する

2 バランスが崩れないよう片足で体重を支えながら、股関節と膝を曲げてゆっくり下ろしていく

✕ 支持足の膝がつま先より前に出ており、かかとも浮いている。かかとが浮く＝ふくらはぎが硬いということ。

✕ 支持足の膝が内側に入っている（ニーイン）。股関節の安定筋群（とくに股関節内転／外転筋群）が働いていない証拠で、バランスを崩してケガをしやすい。

3 レベル **1** 手＝胸

ボトルネック対応表

エラー	ボトルネック	コレクティブエクササイズ（メニュー番号）
可動性不足	足首／股関節	5〜7／9、11、13、14
筋力不足	片足立ち	8、10、12、17、19
ニーインする	外転筋・内転筋	8、10、12、15、16

手を胸の前で構える。上げた足の膝が地面につくまで曲げるのが理想。つま先は地面につけない。ここから上がって元の姿勢に戻る

レベル **2** 手＝腰

上げた足の膝が地面につくまで曲げるのが理想。ただし、つま先まで全体をつけて休むのはNG。ここから上がって元の姿勢に戻る

前から

前から

上半身が左右どちらかに傾いたりせず、膝がまっすぐ前を向いたまま曲げる

Check

股関節と足首をチェック

上半身が左右どちらかに傾いたりせず、まっすぐな姿勢を維持する

＊レベル1よりレベル2のほうが難しい

カーフ（リリース）

目的 ふくらはぎやすね、足底の筋肉が硬いと、シングルレッグスクワット（P22）でしっかり足首が曲がらない。とくにキッカーはすねの周りの筋肉が張りやすいので、そういう場合はこのリリースで圧力をかけながら筋肉をほぐし、可動域を改善する。

ターゲットの部位 ふくらはぎ、すね、足底

対応するプレー
ダッシュ、ステップ、キック、
ローボディーポジション

18〜23ページのアセスメントメニューで課題を見つけたら、これから先のメニューで改善しよう。

時間 左右**30**秒ずつ

1 フォームローラーを使って筋肉をほぐしていく。まずはふくらはぎ。腰を下ろし、ふくらはぎの下で前後に転がして圧迫しながらリリースする。リリースの際は、筋肉が緊張しすぎない（痛すぎない）程度に圧をかける

時間 **30**秒

2

次にすね（前脛骨筋）のリリース。プランク（うつ伏せの状態で前腕と肘、つま先を地面について体を支える）の姿勢で前後に転がし、すねの横の筋肉をほぐす

時間 左右**30**秒ずつ

3

最後にボールを使った足裏のリリース。立った状態で、ボールを足裏でゴロゴロと転がす。ゴルフボールやテニスボールなどでOK

カーフストレッチ

目的 ウォールスクワット（P18）やシングルレッグスクワット（P22）では、深く沈み込むことが大事だが、ふくらはぎの硬さが原因で沈めないケースがある。そうした場合に、このストレッチで柔軟性を高める。膝を伸ばすか曲げるかで、伸びる筋肉が変わる。

時間 左右**30**秒ずつ　**ターゲットの部位** ふくらはぎ、足首

対応するプレー
ダッシュ、ステップ、ローボディーポジション

膝を伸ばす
膝を伸ばして行うパターン。ふくらはぎの表面の筋肉がストレッチされる

! つま先と膝の方向をまっすぐにすること

膝を曲げる
膝を曲げて行うパターン。ふくらはぎの深部の筋肉がストレッチされる

膝を地面に近づけて止める

ステップカーフ&カーフレイズ

目的 ふくらはぎをアクティベート（可動性を高めつつ、筋肉を収縮させる）するメニュー。台を使用することで、自分の体重を使ってより深く伸ばすことができる。ふくらはぎを固められないと地面からの反発力を生かせず、重心がブレてケガにもつながる。

回数 8〜10回 **ターゲットの部位** ふくらはぎ、足首

対応するプレー
ダッシュ、ステップ、ローボディーポジション

！ まっすぐ下げて、まっすぐ上げて、つま先で押し切る

✕ 足が外に開く（写真）、あるいは内側に入るのはNG。

ステップカーフ
台の端につま先を乗せ、5秒かけてかかとをゆっくり下ろす。一番下で3秒ホールド

カーフレイズ
一番下から1秒ですばやく上げ、上で3秒ホールドする

27

片足バランス

目的 筋力と柔軟性が十分でも、軸をコントロールする能力が低いと、ステップを切ったときに簡単に重心が崩れる。またラグビーでは重心が崩れたところから、すばやく安定した体勢に戻ることも重要。

時間 左右**30**秒ずつ **ターゲットの能力** 全身のバランス能力

対応するプレー
ステップ、コンタクト、リアクション

レベル 1 開眼
片足でランニングポジション（股関節、膝、足首がそれぞれ90度。12～13ページ参照）まで足を上げ、30秒キープする

レベル 2 閉眼
目を閉じて同様に足を上げて30秒キープする。つま先が下を向かないように注意

! つま先は下を向かないように

レベル 3 リポジショニング
片足立ちの状態で横方向へジャンプする。移動する方向へ上体を傾けて意図的に軸を崩し、ジャンプ。3歩目で軸を安定させて静止する

Variation

アクアバッグ

1 アクアバッグを持って行う

2 アクアバッグの水が動くことで重心がブレやすくなる。そこで無理に耐えようとすると負荷がかかって痛めてしまう。いち早く重心を自分の軸に戻すことがポイント

3 片足で横に進み、3歩目でストップ。足を入れ替えながら左右往復で行う

Variation

サイドウォールカーフレイズ

片足立ちで壁に手と腰をつけて支え、カーフレイズ（P27）する

（後ろから）

サイドウォールカーフレイズを後ろから見た形

Variation

ホップ

片足立ちになり、その場でジャンプを繰り返す。連続動作の中で軸を崩さずホップすることがポイント。軸を保持したまま、地面の反発力を使えているか（短い接地時間ですばやく跳ね返す）を確認する

ヒップフレクサー（リリース＆ストレッチ）

目的　股関節前面の筋肉をほぐし、柔軟性を高める。まずはフォームローラーとボールを使ってピンポイントで筋肉をほぐし、その後に動作によって筋肉全体をストレッチする。セットで行うのが基本。

対応するプレー
タックル、オーバー、スクラム

時間　左右**30**秒ずつ　**ターゲットの部位**　股関節、太ももの前面

リリース

1
フォームローラーを股関節前面
の筋肉に当て、小さく転がして
リリースする

2
ボールを使うとピンポイントで
圧をかけられるため、より強い
刺激を与えられる

このあたりの位
置にボールを当
てて転がす

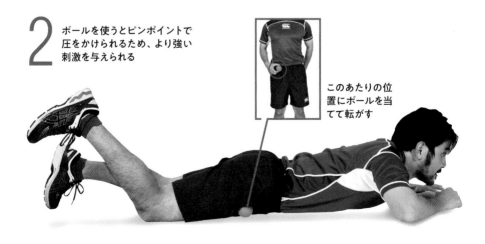

ストレッチ

3 次に動作の中で後ろ足の股関節前面の筋肉を全体的にストレッチする

！ 腹部に力を入れて腹を反らないようにする

股関節前面の筋肉が硬く、伸びていない。

4 伸ばしている側の手を上げ、逆の手で足を持つ。膝から上半身、腕までがきれいなアーチになるのが理想。できるようになったら、上体を内側にひねったり、外側に開いたりしてバリエーションをつける

右足を伸ばすなら、左手で右足を持つ

Part
1
パフォーマンスプレップ

Part
2
メディカルプレップ

Part
3
フィジカルプレップ

Part
4
スキルプレップ

Part
5
コンディショニング

クックリフト

目的 スプリントでは、後ろ脚の股関節の伸展パワーと、前脚の股関節をコンパクトに折りたたんですばやく上げる動作が重要になる。これを同時に行うことで、スピーディーな足の切り替えができるようになる。

対応するプレー
ラン、ダッシュ

回数 左右**10**回ずつ　**ターゲットの部位** 股関節の前と後ろ、お尻、下腹部

1 仰向けの状態になり、片方の股関節でボールを挟む。ボールを挟むことで股関節をしっかりと折りたたむことができ、腰が反ることを防げる

2 股関節でボールを挟んだまま、反対側のお尻の筋肉を使って体が一直線になるまですばやく上げる。これを立った状態に回転させると、ちょうどスプリントの姿勢になる

! 反対側のお尻を使って体を上げ、しっかりと固める（3秒ホールド）

! ボールが落ちないよう股関節を折りたたむ

3

逆足で行うパターン。コンパクトに股関節を折りたたむ動作を身につけることで、すばやい足の切り替えができるようになる。股関節を折りたためないと、足が遠回りに動くため回転速度が上がらず、スピードも出ない

! 体がきれいな一直線になるように

! 足裏全体で地面を押す

股関節を折りたためておらず、体も上がっていない。お尻に力が入らないことが主な原因。また下腹部の筋肉を締められないと、しっかり股関節を折りたためず、背中が反ったり丸まったりしてしまう。下腹部をしっかり締めることを意識しよう。

股関節を折りたためていない

お尻に力が入らず体が上がっていない

ヒップアダクター(リリース&ストレッチ:フロッグスタイル)

目的 手を下ろしたパターンのウォールスクワット(P19)でしゃがめない要因として、太腿内側の内転筋(アダクター)の柔軟性が低いケースがある。リリースでターゲットの部位に刺激を入れてから、実際に正しい姿勢がとれるようにしていく。

ターゲットの部位 内転筋、お尻

対応するプレー
タックル、オーバー、スクラム

リリース **時間** 左右**30**秒ずつ

1 まずはリリースから。うつ伏せになってフォームローラーを太腿の下部分の内側に当て、軽く横方向に転がして筋肉に刺激を入れる

! お尻の高さが左右並行になるように

ストレッチ〈フロッグスタイル〉

時間 **30**秒

2 次にフロッグスタイルストレッチ。こちらは前方の斜め上から見た形。カエルのようにしっかり開脚した状態で、手〜肘、膝〜足で体をまっすぐ支える姿勢をとり、お尻を低く落としていく

Part
1
パフォーマンスプレップ

Part
2
メディカルプレップ

Part
3
フィジカルプレップ

Part
4
スキルプレップ

Part
5
コンディショニング

横から

フロッグスタイルを横から見た形。ポイントは、しっかりと
ヒップヒンジ（股関節をコンパクトに折ってしっかり引き込
む）した状態で低く落としていくこと。このポーズで30秒
静止する。なお、膝の内側靭帯を痛めている人はストレ
スがかかりやすいので、無理しないよう注意すること

! しっかりと股
関節を入れ、
背中が一直線
になるように

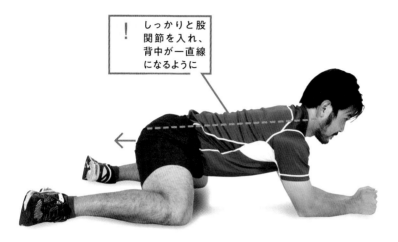

✕ 股関節が入っておらず、背中が丸まっていて、頭も下
がっている。この状態になってしまう人は、リリースで
内転筋の可動域を広げてから、ヒップヒンジを意識し
て再度行おう。

サイドアダクタープランク

目的 フットワークのポイントは、安定した体の軸と地面から力を受けたときに働く内転筋の強さだ。内転筋が弱いと膝が内側に入ったり、体が外へ流れてしまったりする。体がスティックになることを意識し、一発で切り返せるようになることを目指す。

時間 左右**30**秒ずつ **ターゲットの部位** 内転筋、体幹

対応するプレー
ラン、ステップ

横向きの状態で手～肘と足の内側で体を支え、下側の足を引き上げる。股関節を折りたたんだ状態で、体をスティックのようにまっすぐ伸ばす。フットワークで重要な横方向への負荷に対し、内転筋と体幹をきかせて安定した姿勢をとれるようにする

! 体が一本の棒
（スティック）
になるように

! 内転筋と体幹
で支える

! 足の内側（エッジ）をきかせる

✕ 足はスキーのように必ずエッジで支えること。このように足裏全体をついてステップを踏むと、足首をひねってケガにつながる。また内転筋をしっかりと鍛えたうえで行うことも大事。内転筋が弱いと、グローインペインなどの深刻なケガにつながる危険性がある。

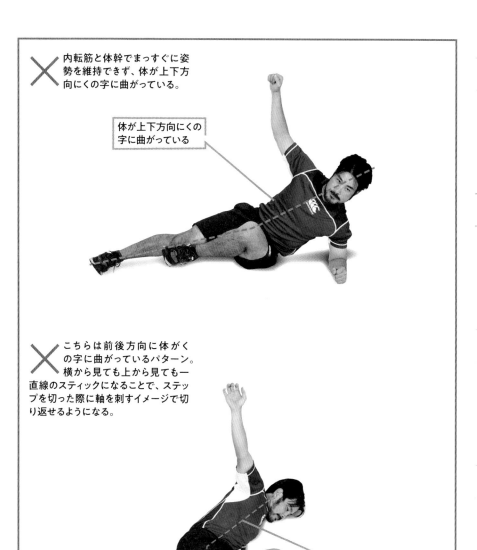

✕ 内転筋と体幹でまっすぐに姿勢を維持できず、体が上下方向にくの字に曲がっている。

体が上下方向にくの字に曲がっている

✕ こちらは前後方向に体がくの字に曲がっているパターン。横から見ても上から見ても一直線のスティックになることで、ステップを切った際に軸を刺すイメージで切り返せるようになる。

体が前後方向にくの字に曲がっている

Part
1
パフォーマンスプレップ

Part
2
メディカルプレップ

Part
3
フィジカルプレップ

Part
4
スキルプレップ

Part
5
コンディショニング

ヒップアブダクター(リリース&ストレッチ)

目的	お尻の外側の筋肉である外転筋(アブダクター)が硬かったり、外転筋をうまく使って踏ん張れないと、片足立ちのときに腰が内側に入ったり外側に出たりするなど、体がブレやすい。リリースで刺激を入れたあと、ストレッチで柔軟性を高める。

対応するプレー
ラン、ステップ

時間 左右**30**秒ずつ **ターゲットの部位** 外転筋、外旋筋(股関節の深部の筋肉)

リリース

1 横向きになって手で支えながら、フォームローラーを外転筋に当てて小さく動かし、刺激を入れる

! 写真の左右方向に小さく動かす

2 上側の足を前に置く場合と、後ろに置く場合で、外転筋の中でも刺激する部位が微妙に変わる。自分の硬い部分に合わせて行おう

! 足を前に置くと、前側の外転筋が刺激される

ローラーを当てるのはこの位置。お尻の横側、真ん中のくぼんでいる部分のふちのあたりを刺激する

Part
1
パフォーマンスプレップ

Part
2
メディカルプレップ

Part
3
フィジカルプレップ

Part
4
スキルプレップ

Part
5
コンディショニング

ストレッチ

3 リリースのあとは、外転筋のストレッチを行う。うつ伏せになり足を四の字の形にして、お尻を地面につけるように落としていく

右足の外転筋を伸ばしている

真横から

お尻を地面につけるよう落としていく

真横から見た形。前足はすねを正面に向け、後ろ足はまっすぐ後方へ伸ばす

Variation

外転筋が硬い人へ

上にある足の外転筋を伸ばしている

1 外転筋が硬く、上記の姿勢がとれない人は、まずここからスタートしよう

2 こちらは別パターン。少し難度が上がる。1、2の順に行うといい。ラグビー選手はとくにこの部分の硬い人が多いので、入念にストレッチすること

グルート（リリース&ストレッチ）

目的 スプリントでもっとも大きな力を発揮するのがお尻の筋肉、大臀筋だ。ハイスピードのランが多くなるほど硬くなりやすく、それによって太もも裏の筋肉、ハムストリングスへの負担が増えて肉離れも起こしやすくなるので、しっかりほぐすようにしよう。

時間 左右**30**秒ずつ　**ターゲットの部位** 大臀筋

対応するプレー
ラン、ステップ、ダッシュ

リリース

1 片方の足を逆足の膝にのせた状態で、お尻の真ん中あたりにフォームローラーを当て、前後に転がす

! お尻の真ん中あたりを刺激する

2 こちらは足を下ろして行う形。膝を伸ばすことで、大臀筋の異なる部位をリリースできる。足を上げて行うほうが、より強い刺激を入れることができる

ストレッチ

1 1、2のリリースに続いて、ストレッチを行う。伸ばすほうの足をベンチにのせ、すねを正面に向けた状態で体を前傾させ、大臀筋を伸ばす

！ 胸をすねに近づけるように

2 次に、1のストレッチの状態から上半身を起こして両手を上げる。よりストレッチ感が強くなる

正面から

2を正面から見た形。ベンチにのせた足のすねをまっすぐ正面に向け、しっかり上半身を起こして大臀筋をストレッチする

シッティング・ヒップローテ

目的 これまでのメニューでほぐした股関節の動作を、動きの中で滑らかに使えるようにすることで、フットワークが向上し、低い姿勢でタックルできるようになる。ポイントは、一連の動作で足を入れ替えることだ。

回数 左右**10**回ずつ　**ターゲットの部位** 股関節の内旋筋、外旋筋

対応するプレー
タックル、ステップ、グラウンドワーク

1 片方の足を前、もう一方の足を後ろに置いて座る。目線とおへそをまっすぐ正面へ向け、両手は胸の前へ

2 座った状態のまま、左右の足を入れ替える。両手を胸の前に維持し、顔と胸はつねに前方へ向ける

! 顔と胸は正面へ向けたまま

! 前、後ろとも膝の角度は90°に

Part
1
ハ フォーマンスプレップ

Part
2
メディカルプレップ

Part
3
フィジカルプレップ

Part
4
スキルプレップ

Part
5
コンディショニング

後ろに倒れ込んだり床に手をついたりするのはNG。手は胸の前の位置を保ち、股関節の内旋、外旋だけで入れ替えられるようになろう。一連の動きが難しい場合は、まず床に手をついて入れ替えるところから始める。

3 手を床につけず、股関節の回旋だけを使い一連の動きで足を入れ替える

4 フィニッシュの形。これを左右交互に繰り返す

顔、体は正面に

膝は90°を意識

クラムシェル

目的 ヒップアブダクター（P38）で可動性を高めた外転筋、外旋筋をアクティベートする。外転筋が弱いと、ステップを切ったときに膝が内側に入って、体がブレてしまう。お尻の筋肉で、横方向のブレをしっかりと抑えられるようにする。

対応するプレー
ラン、ステップ

回数 左右**10回**ずつ **ターゲットの部位** 外転筋、外旋筋

1 横向きに寝た状態で、股関節を折って膝を曲げる。体幹を固め、体は正面に向ける

2 外旋筋を意識して、貝が開いたり閉じたりするイメージで上の足の膝を上げ下ろしする。左右10回ずつ行う

! 体幹を固定し、股関節の筋力で上げ下げする

✕ 足を上げようとして体が後方へ倒れるような状態になるのはNG。これでは外旋筋以外の筋肉を使って上げることになる。

体が後方に倒れ開いている

Variation

バンドをつけて

正しい形でできるようになったら、バンドをつけてより負荷を上げて行う。左右10回ずつが目安

シングルレッグRDL&グルートハムレイズ

目的 前項までにほぐした大臀筋を実際の動作につなげていく。シングルレッグRDL（ルーマニアンデッドリフト）は股関節をたたみ、大臀筋を使って支える。グルートハムレイズはお尻を固めて、太もも裏の筋肉を伸ばしながら力を発揮する。

ターゲットの部位 大臀筋、ハムストリングス

対応するプレー
ラン、ステップ、ダッシュ

シングルレッグRDL **回数** 左右**10**回ずつ

1 自体重によるウォームアップに近いトレーニングメニュー。片足立ちで腰に手を当て、上体を前傾させつつ足を上げていく

2 体が水平になるまで倒し、ホールド。そこから1の状態に戻る。これを10回繰り返す。お尻をメインに、ハムストリングスを補助的に使って支えるのがポイント

お尻がプリッと出るように

背中はゆるやかなアーチを描くように

! 股関節をコンパクトに折り、しっかり引き込む＝ヒップヒンジ

✕ 背中が曲がり、股関節もたためていない。この状態では大臀筋をしっかりと使えないため強い力を発揮できず、ハムストリングスにも強い負荷がかかってしまう。

体が曲がって水平になっていない

股関節付近に隙間ができている

Part
1
パフォーマンスプレップ

Part
2
メディカルプレップ

Part
3
フィジカルプレップ

Part
4
スキルプレップ

Part
5
コンディショニング

グルートハムレイズ 回数 3〜5回

こちらはパートナーに支えてもらって行うグルートハムレイズ。後ろで足を押さえてもらい、ゆっくりと前へ倒れる。「1、2、3」のリズムで地面につくイメージ。それより早くつくのは、大臀筋の力が抜けているということ。回数は、初めは3回、慣れてきたら5回

1

2

お尻と背中を締める

＊正しい姿勢がとれない、また強度が高すぎると感じたら、早めに手をつく

3

✕ 股関節が曲がり、体がくの字になっている。お尻を引いて重心をずらしている状態で、お尻の筋肉がきいていない。

ブルガリアンスクワット&バックランジハイニー

目的 ラン動作でエンジンとなるお尻の筋肉を使って、前への推進力を生み出すことを目的としたメニュー。前足のお尻の筋肉をメインに使うため、前足にしっかり体重をのせ、足裏全体で地面を押すことを意識する

回数 左右**10**回ずつ **ターゲットの部位** お尻、股関節、太もも

対応するプレー
加速、タックル、ブレイクダウン

ブルガリアンスクワット

1 後ろ足をボックスにのせ、両手にダンベルを持つ。前足に体重をのせ、足裏全体で支える

2 膝を曲げて腰を落とす。上半身は一直線（スティック）の状態を維持すること。そこから前足の足裏全体で地面を押して上がり、1の状態に戻る。これを繰り返す

アイズアップ

! お尻から力が抜けないよう、上半身を前傾したまま行うバリエーションもある

ヒップヒンジ

Advice

ダンベルの重さは?
ダンベルの重さは、正しい姿勢でメニューを行える程度が適正。重すぎないように注意したい。

バックランジハイニー

1 バーを肩にかつぎ、直立する

アイズアップ

スティック

2 片方の足を後ろに引きながら、腰を落としてランジ姿勢に。このとき、前足の膝を靴ひもの上あたりの位置に保ち、前足にしっかり体重をのせること。また後ろ足の膝が股関節より前に出ないようにする

フラットバック

ヒップヒンジ

前足の膝はこのあたりの位置に

3 前足のお尻の筋肉を使って足裏全体で地面を押し、後ろの足を引き上げてシャープニーでランニングポジションをとる。これを繰り返す

シャープニー

✕ 足幅が狭い、背中が丸まっている。

✕ かかとが浮いている。

ボックスシングルスクワット&ピストルスクワット

目的 ランニングの際に地面力を使うときや、コンタクトで相手の体重を受けたときは、自分の体重以上を片脚で支えられる筋力と安定性が必要。ピストルスクワットはボックスなしでできるメニューで、より安定した軸や足首の柔軟性が求められる。

対応するプレー
加速、タックル、ブレイクダウン

回数 左右**10**回ずつ　**ターゲットの部位** お尻、股関節、太もも

ボックスシングルスクワット

アイズアップ

1 ボックスにのり、片足を外に出してセット。手は腰に当てる

スティック

2 外に出した足は伸ばしたまま、ボックス上の片足を曲げてスクワット。上がる際は足裏全体でボックスを押し、お尻の筋肉を使って上げる。膝が外に開いたり中に入ったりしないこと

ヒップヒンジ

Variation

ウエイトを持って
慣れてきたらウエイトを持って行うと、より強度が上がる

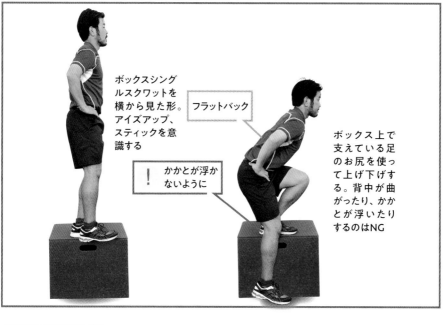

ボックスシングルスクワットを横から見た形。アイズアップ、スティックを意識する

フラットバック

! かかとが浮かないように

ボックス上で支えている足のお尻を使って上げ下げする。背中が曲がったり、かかとが浮いたりするのはNG

ピストルスクワット

1 チャレンジメニューのピストルスクワット。軸をコントロールするのが難しく、足首の柔軟性が要求される

2 ポイントはボックスシングルスクワット同様で、支えている足のお尻の筋肉を使い、足裏全体で地面を押して上げ下げする

脊柱起立筋、広背筋、大胸筋リリース

目的 ウォールスクワット（P18）で手が上がらない人は、脊柱起立筋や広背筋、大胸筋に原因があるケースが多い。胸椎と連動して手が上がらず、肩が前に出た不安定な状態でタックルすると、脱臼しやすく危険。リリースで可動性を高めよう。

対応するプレー
タックル、キャッチ、パス

ターゲットの部位 背中、胸椎、肩関節

脊柱起立筋 **時間** **30秒**

1 まずは胸の後ろの脊柱起立筋のリリース。仰向けになり、背中にフォームローラーを当てて、上下に転がす

2 足で支えて体を上下に動かしながら、肩甲骨のあたりから腰まで幅広くフォームローラーを転がす

Part
1
パフォーマンスプレップ

Part
2
メディカルプレップ

Part
3
フィジカルプレップ

Part
4
スキルプレップ

Part
5
コンディショニング

広背筋 時間 左右**30**秒ずつ

3
次に広背筋のリリース。広背筋が硬く腕が上がらない状態で無理やり上げようとすると、関節の中が詰まりいわゆるインピンジメントが起こりやすい。肩甲骨の外側から腕の付け根にかけて転がす

大胸筋 時間 左右**30**秒ずつ

4
こちらは胸のリリース。うつ伏せになってボールを転がし、筋肉を刺激する。疲労すると皮膚、脂肪、筋肉の各層が固まって滑りが悪くなるが、こうして圧迫することで可動域が広がる

Advice

ボールを当てる位置
ボールを当てるのはこのあたり。大胸筋、小胸筋をまんべんなくほぐす。

ベンチプルオーバー

目的 筋肉は一方が収縮すると、反対側の筋肉は弛緩するという相反抑制が起こる。この反射を利用して、上腕三頭筋や広背筋に加え胸もストレッチできる複合的なメニュー。肩まわりの可動域が広がり、腕がまっすぐ上がるようになる。

回数 往復**10**回 **ターゲットの部位** 上腕三頭筋、広背筋、大胸筋

対応するプレー
タックル、キャッチ、ラインアウト
（スロー、キャッチ、リフト）

 膝立ちの姿勢からフォームローラーを両手で
持ち、前のベンチに両肘をのせて体を支える

A d v i c e
胸椎の伸展で肩の可動域が広がる

胸椎伸展あり

胸椎の伸展があることで肩の可動域が広がり、腕がまっすぐ上がるようになる。

胸椎伸展なし

逆に胸椎の伸展がないと肩の可動域が制限されるため、腕は上がらない。

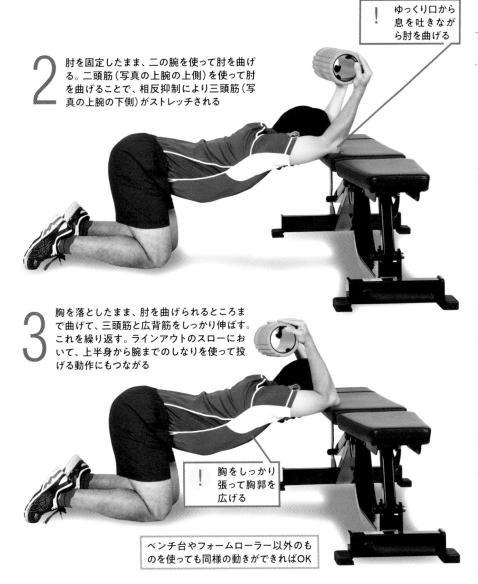

2 肘を固定したまま、二の腕を使って肘を曲げる。二頭筋(写真の上腕の上側)を使って肘を曲げることで、相反抑制により三頭筋(写真の上腕の下側)がストレッチされる

! ゆっくり口から息を吐きながら肘を曲げる

3 胸を落としたまま、肘を曲げられるところまで曲げて、三頭筋と広背筋をしっかり伸ばす。これを繰り返す。ラインアウトのスローにおいて、上半身から腕までのしなりを使って投げる動作にもつながる

! 胸をしっかり張って胸郭を広げる

ベンチ台やフォームローラー以外のものを使っても同様の動きができればOK

お恵みツイスト

目的 背中まわりをひねる動作の可動域を広げるメニュー。この部分の可動域が広がることで、パスを投げる、キャッチするといったプレーで、高いパフォーマンスを発揮することにつながる。

時間 左右**20**秒ずつ **ターゲットの部位** 広背筋、肋間筋、腰部

対応するプレー
キャッチ、パス、タックル

正面から見た形。四つ這いの体勢で両手を顔の前で合わせ、片肘をつけたまま、肩が床につくように胸から腰にかけての部分をひねる

両肩を結んだ線が地面に対し90度になるように

横から

下半身と腹部を固定したまま、みぞおちから上だけを動かす

横から見た形。この状態で20秒間ホールドし、元に戻って逆方向にひねる

Variation

1 正座した状態から、お尻がかかとから離れないように意識して地面にバンザイをする。その姿勢のまま、片方の手を頭につける

2 頭に手をのせた側へひねり、20秒間ホールド。お恵みツイストが難しい人は、こちらから始めよう

! 伸ばす方向へ目線と胸を向ける

メディカルプレップ 背中から腰の可動域を広げる

ウイングストレッチ

目的 広背筋から肋骨の間にある肋間筋、腰の筋肉を複合的にストレッチするメニュー。胸椎の可動域が広がると、肩のケガの予防に加えて、キャッチやパスの動作の幅が広がり、高いパフォーマンスを発揮することにつながる。

回数 左右**10**回ずつ **ターゲットの部位** 広背筋、肋間筋、腰部

対応するプレー
キャッチ、パス、タックル

1 仰向けに寝て手を上げ、膝を曲げる。パートナーは足で腕を押さえ、肩甲骨を押さえて固定する

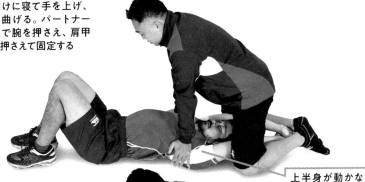

> 上半身が動かないよう肩甲骨をロックする

2 胸から下をゆっくりと倒す。倒し切ったら元に戻り、さらに逆方向へ倒す。左右繰り返す

> 上半身を固定したまま、胸から下だけを動かす

> **!** 肩をケガしている場合は、手を上げずに肘を曲げるか、腕を横に広げて行う

Variation

片方の足を伸ばして、もう一方の足を90度に曲げて倒し、パートナーが上から押さえる。より多くの筋肉を伸ばす複合的なストレッチになる

サイドベント

目的 体の側面をストレッチするメニュー。体の横方向の可動域を広げることで、基本的なキャッチ・パスに加えて、ラインアウトで遠くのボールをキャッチすることにもつながる。

時間 左右**30**秒ずつ　**ターゲットの部位** 広背筋、体の側面の筋肉

対応するプレー
キャッチ、パス、タックル

開脚で座った状態で片方の足を曲げ、同じ側の手を頭の後ろにつける。パートナーが曲げた足の膝を押さえ、もう一方の手を差し込んで体の側面を開くように真横に倒す

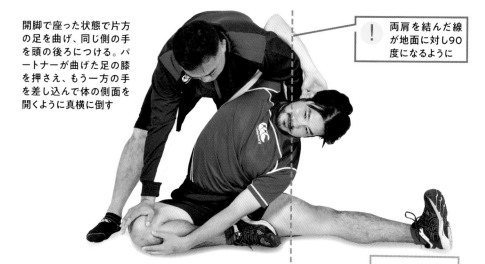

! 両肩を結んだ線が地面に対し90度になるように

背中が曲がっている

足先の方向から

胸を張った状態で、足と一直線になるように倒す

足先の方向から見た形。しっかりと胸を張り、伸ばした足と同じ方向になるように倒す

✕ 背中が曲がり、後方に倒れた状態はNG。倒す方向も伸ばした足と一直線になっていない。

足と同じ方向に倒れていない

58

タオルロール

目的 肩関節の可動性を向上させるメニュー。肩まわりが硬いとどんどん猫背になり、さまざまなプレーに悪影響が出てしまう。スタティックなストレッチではなく、一連の動作で行うことで、三次元的な動きを大きくスムーズに行えるようにする。

対応するプレー
タックル、ラン、オーバー

回数 **10**回　**ターゲットの部位** 肩甲骨から肩まわりの筋肉

1
両手でタオルを持ち、胸を張って肩甲骨を寄せた姿勢をとる

2
肘をまっすぐ伸ばしたまま、腕を頭の上に上げる

3
次は後ろに下ろしていく。しっかり胸を張り、肘を伸ばして、肩甲骨を使って動かすこと。硬い人は長めのタオルを使うとやりやすい

! 肘をしっかり伸ばす

! 肘や手首ではなく、肩を使って動かす

カウキャット

目的 背中を丸める、反るという動作を繰り返すことで、動的な柔軟性を高めることを目的としたメニュー。P52以降のメニューのリリースや通常のストレッチで可動性を高め、最後に動きの中でその可動性を発揮できるようにしていく。

回数 **10回** **ターゲットの部位** 胸椎、腰椎

対応するプレー
タックル、オーバー、スクラム

1 四つ這いの体勢をとる。背中をまっすぐにして、左右の肩の高さをそろえる

2 みぞおちの部分を頂点に高く持ち上げ、息を吐きながら背中全体を丸めていく

! みぞおちを持ち上げるイメージで

3 息を吸いながら、みぞおちを中心に胸を下げていき、背中全体で逆アーチをつくる

! 肩甲骨を寄せる

リブスクィーズ

目的 肋骨は呼吸に合わせて開閉するが、疲れると胸椎の可動性が落ち、開きっぱなしになる。その状態が続くと胸郭が開いたまま硬くなり、胸まわりの柔軟性が落ち、肩や腰への負担も大きくなる。このメニューで本来の動きを回復させる。

回数 **10**回　**ターゲットの部位** 肋骨、胸まわり

対応するプレー
ラン、タックル、パス、スクラム等すべての動き

1 仰向けで股関節と膝を90度曲げ、足を上げる。パートナーが肋骨下部に手を当てる

2 練習者が息をゆっくり吐くのに合わせて、パートナーは肋骨が閉じる動きをサポートする。パートナーは地面方向に圧をかけながら、お腹側へ肋骨を押さえる。吐き切ったところでフィニッシュ

！ パートナーは強く押しすぎないように注意

息を吐き切るまで押し込む

パートナーの手の位置

パートナーが手を当てる位置はこのあたり。肋骨が開き、閉じる動きをサポートする

フィニッシュの手の位置

フィニッシュはこの位置。目安は2秒かけて鼻から息を吸い、4秒かけて口から吐き切り、さらに2秒止める

Part
1
パフォーマンスプレップ

Part
2
メディカルプレップ

Part
3
フィジカルプレップ

Part
4
スキルプレップ

Part
5
コンディショニング

スキャプラTYI

目的 胸を開き、肩甲骨を寄せて腕を引き上げるメニュー。これにより胸郭の可動性と肩甲骨の安定性を高め、猫背の改善につながってフラットバック姿勢をとれるようになる。肩甲骨を動かすことを意識して行う。

対応するプレー
タックル、スクラム、ラン

(回数) **10回** (ターゲットの部位) 肩甲骨、胸、肩

スキャプラT

1 ダンベルを持ち、前傾姿勢をとる。背中はフラットな状態を維持し、ヒップヒンジすること。親指を上向きにすると、胸を開いて肩甲骨を引きつけやすい

！ 腰を曲げず、背中はフラットに

2 肩甲骨を寄せて引きつけ、腕を上げて1秒ホールド。肩の筋肉で無理やり行うのではなく、肩甲骨の動きで持ち上げることを意識

！ 肩甲骨を寄せて上げる

(正しい姿勢)

○ 胸が開き肩甲骨を引きつけられている。

✕ 肩が上がった状態（シュラッグ）で、背中が曲がってしまっている。肩甲骨まわりを使えていない。ラグビー選手に多い。

Advice

何も持たなくてもOK！

ダンベルはペットボトルでも代用できる。難しければ何も持たずに行うことから始めよう。

スキャプラY

スキャプラTと同じく腕を下ろした姿勢からスタート。肩がY字になるように斜め45度の角度に腕を上げて静止する

正面から

斜め45度の角度に腕を上げる

! 肩をすくめず、肩甲骨を寄せて動かすことを意識

体全体がきれいなYの字になるようにする。肘をしっかり伸ばして上げる

スキャプラI

こちらは腕をまっすぐ上げたIのポーズ。ここでも肩が上がったシュラッグ状態にならず、肩甲骨から動かすことを意識する

正面から

肘が曲がらないようにする

Iも肘をしっかり伸ばして上げること

Advice

TYIすべて行おう！

刺激される部位が少しずつ変化している。3つとも行うのがおすすめ。

フェイスプル

目的 ゴムバンドを用いて、肩甲骨を寄せる動きに負荷を加えたメニュー。より強い負荷にも負けないよう、肩甲骨を寄せてフラットバックを保つことを意識して行う。

対応するプレー
コンタクト、タックル、ステップ

回数 **10回** **ターゲットの部位** 肩甲骨、肩、首

1 顔の高さより高い位置にゴムバンドを結び、両手で持つ。しっかり胸を張ってフラットバックを保つ

! 円背姿勢にならないよう胸を張る

2 肩甲骨を寄せながら肘を引き、顔の高さまでゴムバンドを引っ張る

! 腕の力ではなく肩甲骨を寄せて引き込む

(後ろから)

胸を張って肩を下げたまま、肩甲骨を寄せる。ゴムバンドを結ぶ高さを変えると、使う筋肉が少しずつ変わる

✕ 肩甲骨を寄せられず、円背姿勢になっている。腕の力で引っ張った状態で、肩甲骨まわりの筋肉を使えていない。

肩が上に上がっている

首が前に出ている

バランスボールスタビリティ

目的 ラグビーでは体のさまざまな部位に負荷がかかるため、どこに重心を置いても安定した姿勢をとれることが重要になる。地面より不安定な状態になるバランスボールを使い、しっかりと体幹を固定できるようになろう。

時間 **10〜30**秒 **ターゲットの部位** 体幹、肩まわり

対応するプレー
コンタクト全般

Part
1
パフォーマンスプレップ

Part
2
メディカルプレップ

Part
3
フィジカルプレップ

Part
4
スキルプレップ

Part
5
コンディショニング

バランスボールの上に肘から手をつけ、フラットバック姿勢をとる。体幹を固め姿勢をまっすぐに維持したまま、バランスボールを前後左右に動かす

！ 体幹を固定しフラットバックを維持する

！ ボールを前後左右に動かす

✕ 体幹に力が入っておらず、腰が曲がっている。これでは安定した姿勢でプレーができない。

フラットバックできていない

腰が曲がっている

ウォーミングアップの考え方

『ウォーミングアップ』という言葉を聞くと、多くの方は「運動前に体を温めること」といったイメージを抱くのではないでしょうか。しかしウォーミングアップで重要なのは、その後の練習や試合でしっかりとパフォーマンスを発揮できる準備ができているか、ということです。

そうしたことから、最近は『アクティベーション（活性化）』や『パフォーマンスプリパレーション（準備）』といった言葉を使うケースが増えてきました。それによって、何が目的でそのために何を行うかを、明確にイメージさせるわけです。

たとえば速いスピードでトレーニングする『スピードデー』なら、ハイスピードで動くために必要な体のモビリティー（可動性）を高めたり、刺激を入れたりします。

一方、コンタクト強度の高い『コンタクトデー』であれば、それに合わせてより高強度の刺激を入れる。もちろん日常的に行う共通メニューもありますが、その後の目的につながっていくプリパレーションを行うことが、何より大切です。

そうした準備をすることで、体だけでなく心の準備、いわゆる『マインドセット』もできます。たとえばスピードデーに合わせてハイスピードに対応するプリパレーションをすることで、「今日はスピードを発揮する日だ」という意識をもつことができます。それによって、実際のトレーニングでの動きも大きく変わってきます。

何となくその日の練習に参加するのではなく、日々ターゲットを明確にして、そのために必要な準備をすることが大切です。

パフォーマンスプレップ

メディカルプレップ	フィジカルプレップ	スキルプレップ／フィールド
モビリティー（可動性） スタビリティー（安定性）	バランス ストレングス／パワー アジリティー／フットワーク	最大スピード／最大パワー コンタクトプレップ フィットネス（持久力）

☑ **低強度から高強度へ** ➡ 低い強度から始め、徐々に強度を上げていく。試合と練習、練習とウォーミングアップにおけるスピードギャップは傷害の原因となりやすいので、スピードリハーサルを行う。コンタクト強度についても同様に、コンタクトリハーサルを行ってからコンタクト練習を行う。

☑ **特異性** ➡ その日の練習のフォーカスに合わせて、ウォーミングアップの内容を決める。

☑ **個別性** ➡ とくにメディカルプレップは、アセスメントをもとに各個人に必要なエクササイズを重点的に行う。

Part 3

フィジカルプレップ

メディカルプレップで準備した安定性や可動性を土台に、
ラグビー選手としての基礎体力を準備することが本項の目的です。
①ストレングストレーニングでパフォーマンスや、
ケガを予防するための基礎となる筋力や筋量を向上させる。
②グラウンドワークで複数の動作の組み合わせや流れる動きをつくる。
③スピードトレーニングで力強い加速力やスプリント力を向上させる。
それらの方法を説明します。

ラグビーに必要な基礎を身につける『フィジカルプレップ』

多様な動きと安定性を獲得するために

『フィジカルプレップ』は、メディカルプレップで準備をしたあと、よりラグビーに必要な筋力や安定性、スピード、パワーの基礎を身につけるパートになります。本書ではとくに、安定性を保ったうえで、自分の体をコントロールするためのスピードやパワーを養うメニューを紹介しています。

たとえば、ラグビーにはボールキャリーやタックルといったプレーがありますが、タックルを受けて終わりではなく、そこからすぐ体勢を立て直したり、次のプレーへと滑らかに移行したりといった、異なる動作を連結する能力が求められます。そしてそのためには、多様な動きと、その際の安定性を獲得する必要があります。

たとえばスプリント、ローボディーポジションに共通して大切なのは、『自分の体重を支える』ということです。両足のスクワットで高重量を挙げることだけを目的にするのではなく、片足のスクワットで自分の体をしっかりと支えられる筋力を養うことが、その先のスピードやパワーの発揮に

●フィジカルプレップのフロー

スキルプレップ	最大スピード	最大パワー（コンタクト）	フィットネス

スピード／パワー（加速、フットワーク）

ローボディーコントロール

ストレングス（筋力／筋量）

フィジカルプレップ	バランス	ストレングス	スピード／パワー
メディカルプレップ	安定性	可動域	アライメント	傷害

●ストレングストレーニングの取り組み例

フォーカス	負荷／1RM	回数	セット数	休息
筋肥大	70〜85%	6〜12	3〜10	1〜2分
筋力	85%〜	〜6	3〜6	2〜3分
パワー（スピードストレングス）	30〜60%	3〜5	3〜5	2〜3分

・フォーカスごとのトレーニング取り組み例
・上記を目安に、チーム（各選手）の課題や状況（トレーニングの時間・場所など）を加味してプログラムを作成していくのが理想です

影響します。下半身の強化といえば、両足でのスクワットやデッドリフトを想像する人が多いと思います。しかし、実際のプレーでパフォーマンスを発揮している場面を見ると、ほとんどが片足だけ地面についている状態です。そう考えれば、トレーニングも片足でのメニューを行う必要があることを理解してもらえると思います。

なお、筋力の向上や筋量（除脂肪体重）の増加は、2〜3か月で徐々に成果が出てきます。目的に応じてトレーニング変数（セット数、セット内回数、%RM＝最大挙上重量、動作テンポ、休息時間、メニューの順序、週間の頻度）を調整し、計画的に取り組むことが大切です（P68下表）。食事や睡眠（リカバリー）を上手に組み合わせると、より効果が高まります。

また本パートの後半では、地面に近い位置で動くメニューを数多く紹介しています。

こうした動きは、ブレイクダウンからすばやく抜け出て、次のプレーへリロードするための動きなどにつながっていきます。『グラウンドワーク』と表現されるこれらの動作では、倒れる際の反発力を使って起き上がったり、タックル後そのままドライブしてボールを奪ったりといった、動きの"流れ"をつくることが大事になります。ここで解説するメニューを通して、さまざまな動作を身につけ、それらを連結できるようにしていってください。

なお、『メディカルプレップ』と『フィジカルプレップ』がとくに重要になるのが、小学生から中学生にかけての年代です（ただしウエイトトレーニングは成長に合わせ慎重に導入）。この年代は身長が伸びる時期であり、自分の体を操れる能力をしっかり身につけておくことが、将来の成長の基礎づくりとケガの予防につながります。

●2015年、2019年W杯のフィジカルプリパレーション

エディージャパンでは、2015年のW杯に向けて当時のS&C部門のジョン・プライヤーコーチ、村上貴弘コーチ、新田博昭コーチらが計画と実行を徹底し、それを支えるメディカルスタッフや選手のハードワークが結実した結果、フィジカルスタンダードが飛躍的に向上し、『日本はフィジカルで劣る』という概念を覆しました。さらには、大きく強くした体をすばやく自在に操る"操作力"もフィジカルスタンダードとしてとらえ、運動学や総合格闘技の専門家の指導を仰ぎながら体の機能を研ぎ澄ませることで、パフォーマンスゴールへとつなげていきました。とくにアタックやディフェンスのセットクオリティ（位置や数的優位性）を維持するための、倒れたあとにすぐに起き上がって戦線復帰する速さ（リ

ロードやバックインザゲームと表現される）を生み出すグラウンドワークや、セットしたあとにすばやい動きの起点となる加速力は、日本の強さのベースになりました。

そしてW杯2019年大会に向けては、サイモン・ジョーンズS&CコーチとともにGNSSシステム（Global Navigation Satellite System。一般的にGPSといわれる）をより活用し、日本代表とサンウルブズではゲーム形式の練習や試合の際の高強度加速度（2.5m/s/s）の回数や比率を観察し、トレーニングとリカバリーの成果を分析していました。このように、パフォーマンスゴールをイメージして具体的にプロセスを積み上げていくことの重要性を、強く感じます。

スクワット

目的 ここからはラグビーの基本的な筋力トレーニングを紹介する。スクワットはお尻や太ももなどの下半身をメインに、動作中の体幹を腹筋と背筋で安定させることで、バランスよく鍛えられる全身トレーニングだ。正しい方法を身につけよう。

対応するプレー
コンタクト、タックル、ダッシュ

回数 **8〜12**回を3セット　**ターゲットの部位**　お尻、下半身、体幹

1 バーを両肩に持ち、肩幅程度のスタンスで立つ。正確な動作で行うために軽いウエイトから始め、慣れてきたら徐々にウエイトを重くしていく。回数は筋肉を大きくしたい（筋肥大）場合は8〜12回を3セット、筋力を上げたい場合は3〜5回を3セット

> ⚠ 重量、回数の目安は68〜69ページを参考に、無理なく、ケガのないように適切に行うこと

2 膝と股関節を曲げ、膝とお尻が同じ高さになるまでゆっくりと下ろす。そこから再び上がって1の体勢に戻る。背中が反ったり腰が丸まったりしないよう、お腹（腹筋）をしっかりと張る

フラットバック

ヒップヒンジ

Advice

お腹を張るとは

背中を反らず、腹に締めたベルトを押し返すようにお腹を膨らませる。おへそを背骨から離すように力を入れること。コンタクトの瞬間にパワーフット（P128）を踏む際にも重要。

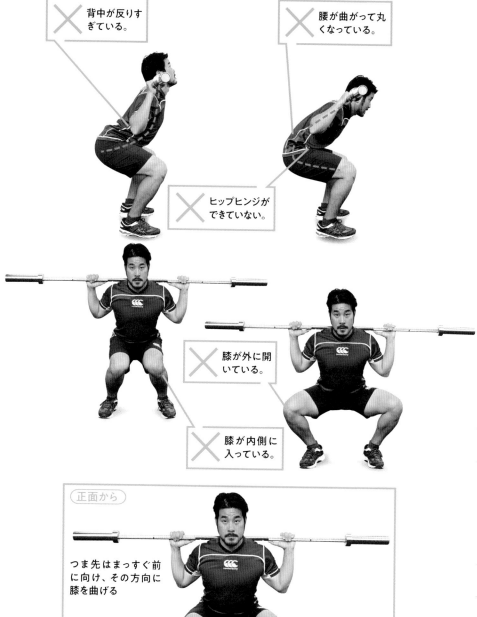

背中が反りすぎている。

腰が曲がって丸くなっている。

ヒップヒンジができていない。

膝が外に開いている。

膝が内側に入っている。

正面から

つま先はまっすぐ前に向け、その方向に膝を曲げる

Part
1
パフォーマンスプレップ

Part
2
メディカルプレップ

Part
3
フィジカルプレップ

Part
4
スキルプレップ

Part
5
コンディショニング

ベンチプレス

目的 ベンチプレスはよく行われるトレーニングの一つだが、姿勢や呼吸を意識することで、よりパフォーマンスにつなげることができる。体幹を安定させ、お腹を固めて上げることで、コンタクトやハンドオフ時に安定して力を加えられるようにする。

対応するプレー
コンタクト、タックル、ブレイクダウン

回数 **8～12**回を3セット **ターゲットの部位** 胸、肩、体幹

1 両足、お尻、両肩、頭の5点をしっかりベンチにつける。肩甲骨を寄せ、つねに胸を張って行う。腰を反ったり、肩で上げたりするのは×

つねに胸を張る

肩甲骨を寄せる

2 息を吸いながら下ろし、胸の真ん中につけたらお腹をぐっと固め、押し上げる。上げるときは息を吐くか、もしくは止める。上げる際、背中でベンチを押し返すイメージでバーを上げる

腰を反らない

背中でベンチを押し返す

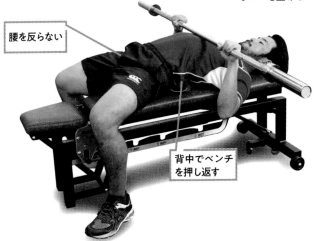

下ろすのは胸の真ん中の位置。上
げる瞬間にお腹を固めて上半身の
力を発揮するのは、コンタクトに共
通する力の使い方

お腹を固めて
力を発揮する

✕

下ろす位置が高く、肩がシュラ
ッグ（P62）して、脇が開いて
いる。肩を痛めやすく危険。

Part
1

パフォーマンスプレップ

Part
2

メディカルプレップ

Part
3

フィジカルプレップ

Part
4

スキルプレップ

Part
5

コンディショニング

チンニング

| 目的 | 背中全般のトレーニングとなるチンニング（懸垂）は、タックルのバインド（P128）やランの際の腕の振り、パス動作などさまざまなプレーにつながる。さまざまなプレーにつなげるために、バリエーションを変え、いろいろな方向に引く力を強化する。 |

対応するプレー
タックル、ラン、パス

回数 **8〜12**回を3セット　ターゲットの部位 広背筋、肩甲帯、腕

1 両手でしっかりとバーを握り、胸を張って行う

胸を張る

2 肩甲骨を寄せて胸を張ったまま体を引き上げる。反動を使わず、広背筋、肩甲帯（肩関節周辺の機構）、腕の筋肉を使って上げる

肩甲骨を寄せる

正しい形
しっかり胸を張ったまま引き上げている

✕ 肩がシュラッグして背中が丸まっている。

Variation

グリップ幅広く

グリップの幅をワイドにするほど、より広背筋の下の部分が強化される

グリップ幅狭く

グリップの幅を狭めると、より上腕二頭筋や胸の筋肉が強化される。また握りを順手にするとより肩まわりや広背筋が、逆手にすると上腕二頭筋が強化される

上がれない人

上がれない人は、サポートにゴムバンドを使って行うところから始める

重りをプラス

レベルアップに応じて重りをプラスして行う。トップクラスのコンタクトが強い選手は背中が強い。日本代表の中には体重100キロで70～80キロの重りをつけて行う選手もいる

> ！ 正しいフォームでできるようになったら重量にこだわる

Part
1
パフォーマンスプレップ

Part
2
メディカルプレップ

Part
3
フィジカルプレップ

Part
4
スキルプレップ

Part
5
コンディショニング

ヒップスラスト

目的 ランスピードを上げるためには、最大のエンジンとなるお尻の筋肉を使って、爆発的な力を生み出すことが重要になる。最初は自分の体重程度のウエイトから始め、最大で体重の3倍程度の重さまでできるようになることを目指す。

回数 **8〜12**回を3セット **ターゲットの部位** お尻、体幹

対応するプレー
ラン、ステップ、タックル

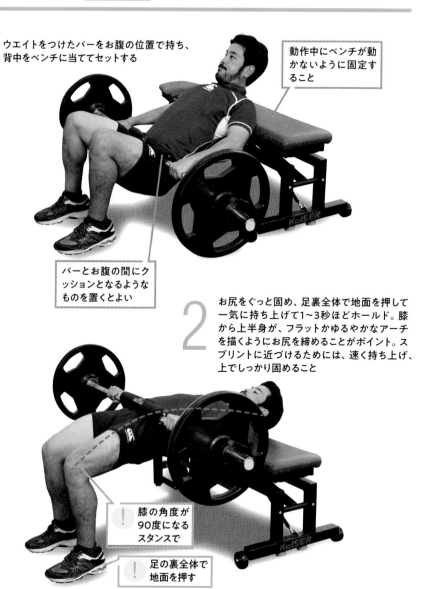

1 ウエイトをつけたバーをお腹の位置で持ち、背中をベンチに当ててセットする

動作中にベンチが動かないように固定すること

バーとお腹の間にクッションとなるようなものを置くとよい

2 お尻をぐっと固め、足裏全体で地面を押して一気に持ち上げて1〜3秒ほどホールド。膝から上半身が、フラットかゆるやかなアーチを描くようにお尻を締めることがポイント。スプリントに近づけるためには、速く持ち上げ、上でしっかり固めること

! 膝の角度が90度になるスタンスで

! 足の裏全体で地面を押す

上げ方が中途半端で上がり
切っていない。腰に強い負荷
がかかり危険。

足の位置が遠すぎて、膝の角
度が開いている。お尻よりハム
ストリングスに負荷がかかるた
め危険で、ターゲットの部位も
変わってしまう。

Part
1
パフォーマンスプレップ

Part
2
メディカルプレップ

Part
3
フィジカルプレップ

Part
4
スキルプレップ

Part
5
コンディショニング

ショルダープレス&アップライトロウ

目的 コンタクトで相手とヒットするエリアになる肩全体を鍛えるトレーニング。どちらも三角筋(肩を覆う大きな筋肉)と胸の上部がターゲットの部位だが、アップライトロウはより肩の前面が鍛えられる。両方を組み合わせて行う。

対応するプレー
コンタクト、タックル、リフト

回数 8〜12回を3セット **ターゲットの部位** 三角筋、胸の上部

ショルダープレス

1 立位でバーを持ち、肩の位置にかつぐ。スタンスは肩幅程度

バーが頭の真上にくるように

スティック

2 頭の上にバーを差し上げる。バーの下に頭を入れるようなイメージ。上半身は一直線を維持

正面から

腕の開きはこの程度

✕ 背中を反りすぎている。逆に猫背になるのもNG。

Part
1
パフォーマンスプレップ

Part
2
メディカルプレップ

Part
3
フィジカルプレップ

Part
4
スキルプレップ

Part
5
コンディショニング

アップライトロウ

1 今度はバーを下から上に引き上げるトレーニング。立位、肩幅程度のスタンスで、バーを下に持つ

2 胸の上部までバーを引き上げる。しっかり胸を張って行う（チェストアップ）のがポイント

チェストアップ

横から

猫背になり、頭も下がっている。

スティック

横から見た形。体は一直線のスティックを維持したまま、胸を張って引き上げる

ダウンドッグ&アップドッグ

目的 倒れたところから起き上がる、低い姿勢でボディーコントロールするグラウンドワークで求められる柔軟性を高めるメニュー。ふくらはぎからお尻、胸郭（胸椎、胸骨、肋骨の3つからなるかご状の骨格）までを複合的に柔らかく使えるようにする。

回数 **10**回　ターゲットの部位 太もも、お尻、背中、ふくらはぎ

対応するプレー
タックル、ブレイクダウン、リロード

狭い足幅

1 まず足幅が狭いパターンのダウンドッグ。両手両足を床につけ、お尻を上げて体全体で三角形をつくる。手からお尻までが一直線になるように

| かかとが浮かないように

頭をしっかり入れる

| ヒップヒンジを意識し、腰ではなく股関節を曲げる

2 そこからゆっくりとお尻を下げていき、太ももの前を地面につけにいくようにして体全体でアーチを描くイメージで反る、アップドッグの形に。これを繰り返す

広い足幅

1 次に足を広げたパターンで、よりハムストリングスのストレッチを強調したダウンドッグ。股関節のヒンジ動作を意識し、しっかりと頭を入れて一直線になるようにする

! 手からお尻まで一直線になるように

! 股関節をたたんでお尻を上げる

2 足を広げたアップドッグの形。より内転筋と腸腰筋（腰から太ももにつながる筋肉）の柔軟性が強調される

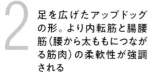

× 股関節ではなく背中が曲がっている。膝も曲がっており、手からお尻までが一直線になっていない。

背中が丸まって一直線になっていない

膝が伸びていない

ヒンドゥープッシュアップ

目的 前項の動きにプッシュアップの動作を加え、肩の可動性もターゲットにしたメニュー。肩甲骨をしっかりと寄せて肩を安定させ、柔らかく動かせることを目指す。これも足幅を変えて2パターンで行う。

回数 **10回** ターゲットの部位 肩、背中、股関節、ふくらはぎ

対応するプレー
タックル、ブレイクダウン、
リロード

1 足幅が狭いパターンでダウンドッグ（P80）をする

! 手からお尻まで一直線になるように

! 股関節を曲げ、頭をしっかり入れる

! 肩甲骨をしっかり寄せる

2 両手の間に、顔→胸の順で地面に近づけ、腕立て伏せのボトム姿勢になる

! 肩甲骨を内側に寄せて胸を張る

3 2の姿勢から腕立て伏せをしてアップドッグ（P80）になる。足幅が狭いパターンと広いパターンの両方で行う

ヒップローテーション

目的 股関節から胸郭までのひねりの動作の可動域を大きくするメニュー。ステップを踏むときの体の使い方につながる。前項のヒンドゥープッシュアップと組み合わせるとステップアップメニューになる。

回数 左右**5**回ずつ　**ターゲットの部位** 股関節、胸部、背中

対応するプレー
ステップ、タックル、ブレイクダウン

1 足幅を広げた腕立て伏せの姿勢をとる

2 股関節を片方ずつ床につける。左肩から背中→お尻→右足がひねりながらアーチを描いているのが理想の形

！ 体全体でひねりのアーチを描くように

！ 骨盤全面を地面に近づける

3 足を入れ替えて逆の股関節を床につける

！ かかとが浮かないように

！ 骨盤全面を地面に近づける

フィジカルプレップ 09 低い姿勢での可動性と推進力を生み出す

アリゲーターウォーク

目的 ブレイクダウンやタックル動作のときに、低く推進力のある体の使い方を身につけるためのトレーニング。顔を上げたまま、骨盤と胸を落とし、股関節のひねりの動作を使って低い姿勢のまま前に出る。

回数 **10**回 **ターゲットの部位と能力** 股関節、胸、全身のバランス

対応するプレー
ブレイクダウン、タックル、ダッシュ

1
腕立て伏せの姿勢で左手と右足を前に出す。出した足はつま先が斜め45度外を向くように

2
股関節をひねりながら骨盤と胸を下げて、低い姿勢を維持する

! お尻が上がらないよう注意

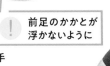

! 前足のかかとが浮かないように

3
股関節を使って逆の右手と左足を前に出す

84

Variation

スパイダーウォーク

1 肘を伸ばして胸を上げたまま下半身の動きだけで前進する

2 できるだけお尻が上下せず、低い位置を維持したまま前進するのが理想

3 低い姿勢で1歩でも前に出るプレーをイメージ

頭からお尻までがアーチを描くように

4 同様にひねりながら腰→骨盤と胸を下げる

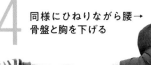

! アイズアップ

5 左手と右足を出して前へ進む

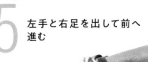

6 腰→骨盤と胸を下げる。これを繰り返して前に進む

! アイズアップ

✕ お尻が上がり低い姿勢がとれていない。同じ側の手と足が前に出るやり方の間違いも多いので注意。

キャット

| 目的 | 下半身から背中まで一連の動作で伸び上がることで、ダッシュやジャンプ時の力を生み出すことを目的としたトレーニング。ポイントは目線。アイズアップによってプレー中に情報収集できることに加え、動作も向上し強い力を発揮できる。 |

対応するプレー
ダッシュ、ジャンプ、ラン

回数 左右**5**回ずつ ターゲットの部位 お尻、背中、下半身

1
上向きの状態で膝を曲げ、片方の手を床について、もう一方の手を上げる

! 目線はつねに伸びる方向へ

2
下半身からお尻、背中を使って、斜め後方に伸び上がる

この向きで目線が見える状態まで伸びると、しっかりアーチができる

目線は伸ばした手へ

3 伸び切ったところでホールド。目線は伸ばした手に向け、手を見るようにして、背中を反ってアーチを描く。この形が「キャット（猫）」。左右交互に行う

骨盤を高く上げて、頭から背中、膝までがアーチを描くように

目線が下がり、骨盤が上がっていない。お尻の力が使えず、強い力を発揮できない。

Part
1
パフォーマンスプレップ

Part
2
メディカルプレップ

Part
3
フィジカルプレップ

Part
4
スキルプレップ

Part
5
コンディショニング

マウンテンクライム

目的 スティック姿勢を保ち、足だけを左右入れ替える。体幹から股関節が安定することで、地面からの強い反発を受けて推進力を生み出せる。体幹を安定させて、股関節をスムーズに動かすことを意識する。

対応するプレー
ラン、ダッシュ、ジャンプ

回数 左右**10**回ずつ **ターゲットの部位** 体幹、股関節

1 腕立て伏せの姿勢で、片方の足を、股関節を中心に上げる。手をつく位置は両肩の真下

! 手の位置は両肩の真下

! つま先をたたむ

2 上半身から体幹、股関節は同じ位置を保ったまま、足だけをすばやく左右入れ替える

スティック＝背中をまっすぐに保つ

背中が曲がり、目線が下がっている。
つま先が下（写真では左方向）に落ち
ているのもNG。

Part
1
パフォーマンスプレップ

Part
2
メディカルプレップ

Part
3
フィジカルプレップ

Part
4
スキルプレップ

Part
5
コンディショニング

3 これを左右繰り返す。最初
は入れ替えるたびに止め
て行い、しっかりと動作を
できるようになったら連続
して行う

アイズアップ

シャープニー

！ 股関節は同じ位
置のまま、足だ
け入れ替える

Advice
スティック姿勢が
ランにつながる
スティック姿勢を保ち
体幹から股関節を安
定させることで、いい
ランにつながる。

ベアウォーク

目的 タックルやスクラム、モールなどコンタクトプレー全般の基本姿勢を身につける
メニュー。キーワードはフラットバック（背中をまっすぐ）、アイズアップ（目線を上
げる）、シンク（膝を落とし沈み込む）。上下動を抑えながら動くことを意識する。

対応するプレー
タックル、スクラム、モール

回数 前後に4歩ずつ×**3〜5**回 **ターゲットの部位** 体幹、股関節

1 つま先、手を床について四つ
這いになる。背中はまっすぐ、
目線は上げる

2 膝を少し浮かせ、上下動せず
沈んだまま前へ進む。股関節
のヒンジを使うのがポイント

フラットバック

アイズアップ

ヒップヒンジ

シンク

背中はまっすぐで目線を上げ、膝を落とす。両肩や骨盤はできるだけ左右同じ高さを維持する

3 膝を地面すれすれの位置（紙一枚ぶん浮かせるイメージ）で動かし、上下動を抑える

4 沈み込んだ姿勢を保ったまま、最後まで前進していく。4歩進んだら、後ろ向きに4歩進む

! 膝は床すれすれの高さ（紙一枚ぶんのイメージ）で動かす

✕ 頭が下がり、お尻が上がっている。移動する際に骨盤が上下左右に動くのもNG。

ダックウォーク

目的 ラグビーで重要になる低い姿勢のまま、足首と股関節を使って動くメニュー。タックルの一連の動きや、ブレイクダウンで相手をオーバーするときの動きなどにつながる。できるだけ上下動せずスムーズに動くことを目指す。

歩数 **10**歩 **ターゲットの部位** 股関節、体幹、足首

対応するプレー
タックル、ブレイクダウン、スクラム

! お尻の高さを低く
保ちながら

Part
1
パフォーマンスプレップ

Part
2
メディカルプレップ

Part
3
フィジカルプレップ

Part
4
スキルプレップ

Part
5
コンディショニング

$1 \sim 4$ 腰を落とした低い姿勢のまま、アヒルのように前へ進む。ポイントは足首と股関節の使い方。軸足の膝と足首をぐっと曲げて前へ出ると同時に、逆足を外から回すように前へ持ってくる

$5 \sim 8$ 回して踏み出した足が軸足になり、逆の足を外から回して前に出る。これを繰り返して前進する。お尻が高くならず、床すれすれの低い位置を保ったまま動くことを意識。慣れないうちは膝が床についてもOK

3

! 膝を前に落としながら

4

! 送り足を外から回す

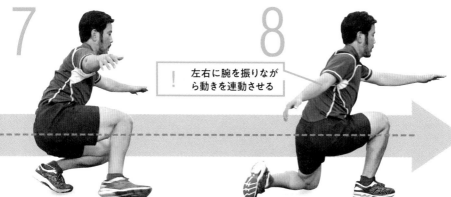

7

! 左右に腕を振りながら動きを連動させる

8

キリン&スコーピオン

目的 ランの最大のエンジンとなるお尻を使って足を蹴り出す動作を身につけるためのメニュー。どんなポジションでも軸をブラさず、股関節、胸郭、体幹を締めて、下半身の力を地面に伝える動作を獲得する。

対応するプレー
ラン、ダッシュ、ステップ

回数 左右交互に**5**回ずつ　**ターゲットの部位** 股関節、胸郭、体幹

キリン

1 両手とつま先をついて腕立て伏せの姿勢をとる

2 腕を曲げて体を下ろす

！ お尻を固める

3 片方の足を振り上げ、同時に頭を肩の間に入れる（P80ダウンドッグの姿勢）。上げた足から腕までがスティックになったところでフィニッシュ。この形が「キリン」。左右交互に繰り返す

「キリン」を頭側から見た形。一本のスティックになることを意識する

「スコーピオン」を頭側から見た形。全身でバランスをとってホールドする

スコーピオン

「キリン」のフィニッシュ姿勢から、上げた足を逆足側へ倒す。この形が「スコーピオン（さそり）」

！ アーチをつくる

✕ 膝と背中が曲がった「ラクダ」のような形になるのはNG。

Part
1
パフォーマンスプレップ

Part
2
メディカルプレップ

Part
3
フィジカルプレップ

Part
4
スキルプレップ

Part
5
コンディショニング

ウーパールーパー&トカゲ

目的 ラグビーでは、さまざまな部位に負荷がかかる中で体幹を安定させ、力を発揮することが重要になる。体はまっすぐで股関節が外側へ向いた状態で、しっかりと姿勢をキープすることを目指す。

対応するプレー
ラン、ダッシュ、ステップ

回数 左右交互に**10**回ずつ **ターゲットの部位** 体幹、股関節

ウーパールーパー

1 プランク姿勢から、片方の足を曲げて横に上げ、ホールドする。これが「ウーパールーパー」

正面から

! 膝は上げすぎず、床スレスレの位置に

「ウーパールーパー」を正面から見た形。両腕と片方のつま先の3点で体を支え、浮かせた足を真横で維持する

✕ お尻が上がり、上げた足の膝が高くなる状態はNG。体幹を固定できておらず、股関節もしっかりと動かせていない。

Part
1
パフォーマンスプレップ

Part
2
メディカルプレップ

Part
3
フィジカルプレップ

Part
4
スキルプレップ

Part
5
コンディショニング

トカゲ

1 次に「トカゲ」。腕立て伏せ
の姿勢で、体を下ろしながら
片足を横に上げる

2 沈んだところで上げた足を真
横に維持してホールド。体幹
を固めてスティックの状態を
つくり、足は低い位置を保つ

！ 足は真横に

モンキーツイスト

目的 タックルなどでずらされて倒れたところからすぐ起き上がって次のプレーに移るとき、グラウンドワークで回転動作が起きた際の位置感覚やスムーズな起き上がりを向上させるメニュー。回転時に自分の体がどの位置にあるかを意識しよう。

回数 左右交互に**10**回ずつ **ターゲットの部位** 体幹、股関節、肩甲骨まわり

対応するプレー
グラウンドワーク、ブレイクダウン、オフロード

1 ベアポジション＝四つ這いの体勢からスタート。膝は紙一枚ぶん床から浮かせる

背中をまっすぐに

アイズアップ

2 左手と右足でバランスをとりつつ、体をひねりながら右手と左足を上げる

! 床についた手、足を支点にして、安定して回転する

Variation

ボールを持って
ボールを持って行
えば、オフロード
のトレーニングに
もなる

3 右手と左足が上を向いた
この状態がフィニッシュ
姿勢。お尻は地面近くま
で落としていい。左右交
互に繰り返す

> ！ 目線と顔の向きで
> 動きを誘導する

✕ 手、足が十分に上がっておらず、
顔も下を向いている。

モンキーターン

目的 モンキーツイスト（P98）を複雑にしたメニュー。対角線の手足を支点にして上向きに回転し、元の体勢に戻る。ここでも大切なのは目線で動作を誘導すること。顔（目線）を動かすことで脊柱も連動して動き、滑らかに重心をとれる。

回数 左右交互に**5**回ずつ **ターゲットの部位** 体幹、股関節、肩甲骨まわり

対応するプレー
グラウンドワーク、ブレイクダウン、オフロード

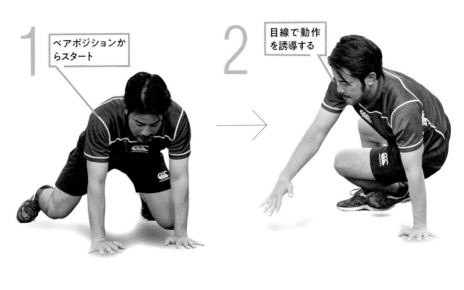

1 ベアポジションからスタート

2 目線で動作を誘導する

5

6 脊柱を軸にして滑らかに回転する

1~4 膝を紙一枚ぶん床から浮かせた四つ這いの体勢からスタート。モンキーツイストと同じように、対角線の手足（写真では左手と右足）を支点にして体を回転させる。そのまま上げた手と足を床につく

5~8 上げてついた手（写真では右手）を支点にし、回転の勢いを利用してそのまま回り切って元の体勢に戻る。回転動作の中で自分の体の位置を把握し、スムーズに回転することを目指す

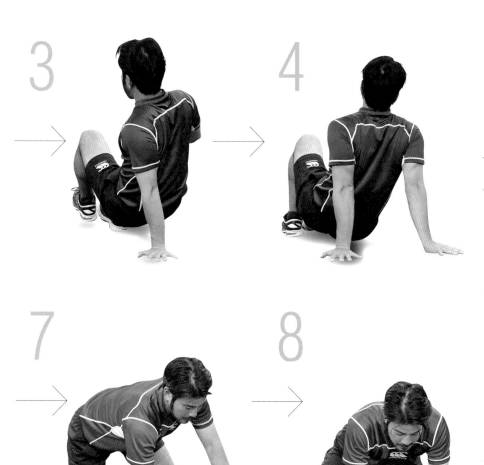

ラテラルランジ&クロスオーバーランジ

目的 横方向の切り返しの際に、速く、安定して動けるようになるためのメニュー。股関節のヒンジ動作を意識してお尻の筋肉をよく使い、体幹、股関節、足裏全体で着地の衝撃を吸収して母趾球(親指の付け根の膨らんだところ)で押し返す。

対応するプレー
ステップ、パス、タックル

回数 左右交互に**5回ずつ** **ターゲットの部位** 体幹、股関節、お尻

2 横に足を踏み出し、股関節を引き込みながら体幹、お尻、母趾球で衝撃を吸収して着地。お尻の力を使って床を押し返し、元の体勢に戻る。左右で繰り返す

ラテラルランジ

1 まずはラテラルランジ。足を肩幅程度に開き、まっすぐ立つ。ハンズアップで構え、お尻を締める

> スティック、
> アイズアップ、
> ハンズアップ
> を意識する

! ヒップヒンジ

足裏全体で地面を押す。かかとが浮かないように

✕ 股関節をたためず、膝が前に出てかかとが浮いた状態。これではお尻の筋肉を使うことができない。手も下がっている。

Part
1
パフォーマンスプレップ

Part
2
メディカルプレップ

Part
3
フィジカルプレップ

Part
4
スキルプレップ

Part
5
コンディショニング

クロスオーバーランジ

3 次にクロスオーバーランジ。ラテラルランジは外に足を開いたが、逆の足を内側に入れて沈み込む

4 股関節をしっかりと動かし、お尻のパワーを使って安定して着地→元に戻る動作を左右繰り返す

! スティック、アイズアップ、ハンズアップを意識する

体幹をスクエアに保ち、ヒップヒンジ

かかとが浮かないように

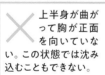

✕ 上半身が曲がって胸が正面を向いていない。この状態では沈み込むこともできない。

ヒップツイスト

目的 ボディコントロールを維持したまま、骨盤から下半身を大きくひねるメニュー。この動きが向上することで、走りながらパス、キャッチできる範囲が広がり、周囲を見ながらステップを切れたり、当たられてもバランスを保てたりできるようになる。

対応するプレー
ステップ、キャッチ、コンタクト

回数 左右交互に**10**回ずつ **ターゲットの部位** 体幹、股関節

アイズアップ、
ハンズアップ

1 両足を大きく開き、体の前でボールを持つ。目線は真正面に向け、ボールの位置を下げないように

Part
1
パフォーマンスプレップ

Part
2
メディカルプレップ

Part
3
フィジカルプレップ

Part
4
スキルプレップ

Part
5
コンディショニング

2 みぞおちから上は正面を向けたまま、おへそから下をひねって真横に向ける。骨盤、膝、つま先と同時にひねるイメージで。できるだけ上下動しないことを意識する

膝の角度が
90度になる
ように

両足ともつま先
を真横に向ける

3 左右交互に行う。最初は1回ずつ止まって行い、正確にできるようになったら連続して行う。スピーディーに鋭く切り返し、より低い位置で動くことを目指す

上半身は正面
のまま

おへそから下を
最大限ツイスト

2ポイントゲットアップ

目的 力ではなく、手足を支点に重心移動を使って効率よく起き上がる動作の獲得。ブレイクダウンで反則をとられないよう瞬時に退転する動作を意識する。ムダな力を使わずスムーズにリロードできるようになることで、省エネにもなる。

対応するプレー ブレイクダウン、リロード

回数 左右交互に**5**回ずつ **ターゲットの部位と能力** 体幹、股関節、全身のバランス

1 仰向けに倒れた状態か
らスタート

2 上半身を持ち上げると同時に、対角の手と足の2ポイントを軸にして起き上がる

前を見て相手
を警戒

! 対角の手と
足を軸に

前から

アイズアップ

ハンズアップ

浮かせた足を後方へ抜くところを前から見た形。対角の手と足の2点で体を支え、鋭く足を抜く

4 前傾姿勢をとってフィニッシュ。次のプレーに備えハンズアップとアイズアップを徹底する。1の姿勢に戻り、逆の手足を軸にして起き上がる。これを繰り返す

アイズアップ

ハンズアップ

3 浮かせた足を後方に抜き、3点で地面を押してすばやく起き上がる

！ つねに目と手で前を警戒する

プランクウォーク

目的 ラックで他のプレーヤーの下敷きになったところからすばやく抜け出し、次のプレーに備える動きをイメージしたメニュー。意識を高めるとともに、こうした動作を向上させることで、より早いリロードを追求する。

回数 前後**4**歩ずつ**5**往復　**ターゲットの部位** 体幹、肩甲骨まわり

対応するプレー
ブレイクダウン、リロード

1 プランク姿勢で体をフラットに支えて前へ進む。膝や腰は地面につけない

! 体幹を固め、体は一直線を維持

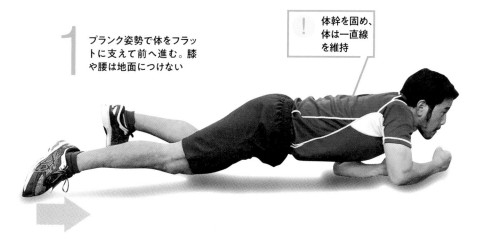

2 対角の肩と足を使って前へ進む。足は膝をつかずに動かすこと

! 視線はつねに前へ

Part
1
パフォーマンスプレップ

Part
2
メディカルプレップ

Part
3
フィジカルプレップ

Part
4
スキルプレップ

Part
5
コンディショニング

3 お尻を上げると楽に動けるようになるが、それでは実際のプレーにつながらない。できるだけ低い姿勢を保ち、鋭く動くことを意識する

！できるだけ低い姿勢を維持

4 最後まで低い姿勢で、目線を上げたまま、すばやく動けるようになることを目指す。体幹のトレーニングにもなる。4歩進んだら、後ろ向きに4歩進む

トルソサイドウォーク

目的 これも密集で倒れたところから抜け出して、次の局面へすばやく備えるためのメニュー。胸郭と骨盤をタイミングよく連動させないと進めないため、体幹のトレーニングとしても効果的だ。

回数 左右**10**回 **ターゲットの部位** 体幹、股関節

対応するプレー
ブレイクダウン、リロード

1～4　仰向けになり、両手両足を上げる。上半身と下半身をひねって左右交互に動かすことで推進力を生み出し、横方向へ進む。手を後ろへ振り出す力を反動にして、お尻を前に出すタイミングを合わせると、進めるようになる

5～8　先にお尻をクッと前に進め、次の動作で上半身を進めるイメージで行うのがコツ。足だけでがんばったり、背中で動こうとしたりすると、逆に進むことができない。タイミングと反動を使って進むことを意識しよう

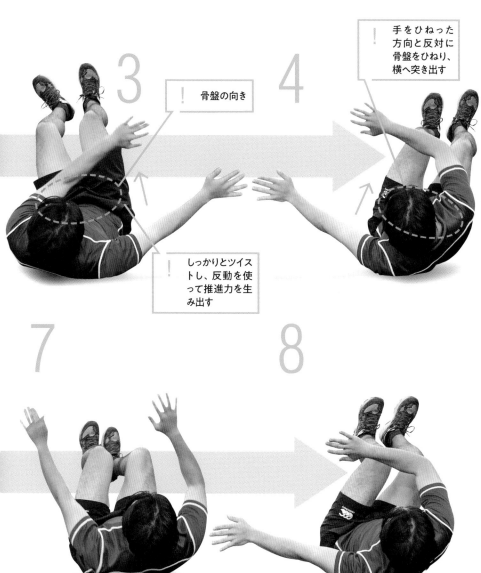

3
!　骨盤の向き

!　しっかりとツイストし、反動を使って推進力を生み出す

4
!　手をひねった方向と反対に骨盤をひねり、横へ突き出す

7

8

ゾンビウォーク

目的 うつ伏せ状態で倒れて、下敷きになっているところからすみやかに抜け出す動作をイメージしたメニュー。体でもっとも重い骨盤まわりを動かして抜け出すことが大事だ。

対応するプレー
ブレイクダウン、リロード

回数 **5**回×**3**往復　**ターゲットの部位** 体幹、股関節、骨盤

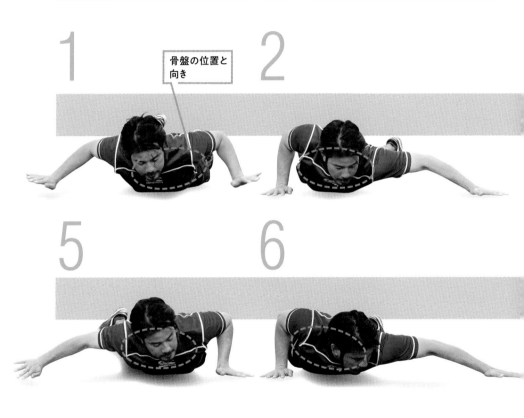

1

骨盤の位置と向き

2

5

6

1~4

まず進みたい位置に手を置く。そこからおへそを進行方向へ向けるように骨盤をひねって推進力を生み出し、横方向へ進む。手や足でがんばって動こうとするのではなく、体幹を自在に操ることが、グラウンドワークにおけるスピードと体力セーブにつながる

5~8

骨盤は体でもっとも重く、ここを動かすことで大きな力が生まれる。手だけで動こうとすると強い力を発揮できないうえに、体力ロスも大きい。骨盤をしっかりひねって進み、そこに手と足をつけるように意識して取り組む。同一方向に5回移動して逆方向へ戻る

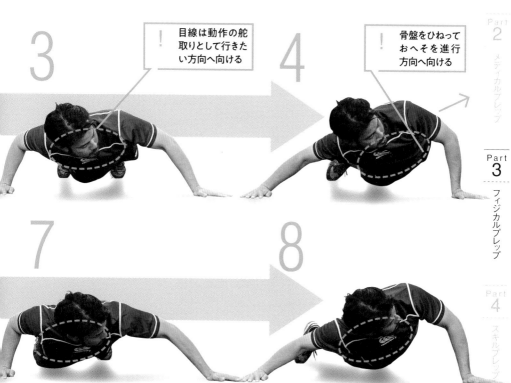

3

! 目線は動作の舵取りとして行きたい方向へ向ける

4

! 骨盤をひねっておへそを進行方向へ向ける

7

8

✕ 骨盤のひねりがなく、おへそが下を向いたまま手だけで進もうとしている。これでは強い力を発揮できず、密集から抜け出せない。

おへそと顔が下を向いている

バウンスアップ

目的 タックル後、倒れた状態からいち早く起き上がって、次の動作への準備をイメージするボディポジション動作のメニュー。全身を連動させてワンモーションで起き上がり、すばやく前を見て、次の動作に移ることを目指す。

回数 **10**回　**ターゲットの部位と能力** 体幹、全身の連動性

対応するプレー
リロード、ブレイクダウン、タックル

アイズアップ

Good

ポイントは、上半身と骨盤を上げるのと同時に、足を前へ引き上げて、起き上がると同時にタックルができる姿勢になっていること。全身を連動させて、ワンテンポで立ち上がれるよう練習する

Part
1
パフォーマンスプレップ

Part
2
メディカルプレップ

Part
3
フィジカルプレップ

Part
4
スキルプレップ

Part
5
コンディショニング

Bad

手で上がり、次にお尻を引き上げ、体を起こして、最後にポジショニング、というように各動作がぶつ切れになるのはNG。とくに多いのは、お尻から上がって、上体を持ち上げ、手を上げる、という3モーションになるケース。ワンモーションで一気にポジションをとれるようにすること

ハイニーロール

目的 今度は足の位置を動かしながら、体の軸を維持するメニュー。ラグビーではこうした体勢になることが多いだけに、足がどの位置にあっても、しっかりとスティックの状態を保てることが重要になる。

対応するプレー
ステップ、コンタクト、ラン

回数 左右**10**回ずつ **ターゲットの部位** 体幹、お尻、下半身

1 両手を上に上げ、体幹を固めてスティックの状態になる。足を上げる目安として、ハードルなどを置くとやりやすい

2 動かすほうの足の膝を後方に落としてバックランジ

3 スティックの状態に戻りながら、股関節を動かして足を後方から回すように上げてハードルをまたぐ

つねにスティックを維持

4 上げた足を体の前まで回す

5 手を上げた直立姿勢に戻ってフィニッシュ。左右行う

✕ 軸が崩れて体が倒れており、膝もしっかりと曲がっていない（シャープニーになっていない）。

体はつねに正面を向けたまま

横から

1 バックランジでは体がアーチを描くように腰を落とす

2 体を戻しながら足を回してハードルをまたぐ。股関節をしっかり動かすことが重要

横から見てもスティックになるように

3 軸を保って足の動きを支え、体の前までもってくる

4 直立姿勢に戻る

✕ 背中が丸まって猫背になるのはNG。股関節も十分に動かせていない。

トリプルジャンプ

目的 鋭いダッシュで加速する動きにつながるメニュー。腕を振り、全身を使って斜め45度に飛び出す。連続してジャンプするため着地と同時に飛ぶ姿勢ができていることが重要。慣れてきたら着地から次のジャンプを速く行えるようにする。

回数 **5**セット **ターゲットの部位** 股関節、全身

対応するプレー
ラン、ダッシュ、ステップ

1 肩幅程度のスタンスで直立したところからスタート。3回連続でジャンプして前に進む

2 腕を振って推進力を生み出す。猫背にならないよう、フラットバックを意識する

3 腕を振り上げながら全身を使って斜め45度に飛び出す。お尻の横にエクボができるようにしっかりと締め、体が一直線になるように

フラットバック

アイズアップ

スティック

遠くへ飛ぼうとしすぎると、着地時に前のめりになるケースがよくある。これでは一度体を起こしてから次のジャンプをしなければならなくなる。

4 着地はピタッと止めること。着地した時点で次にジャンプする姿勢ができているように。慣れてきたら接地時間を短くして連続ジャンプする

5 斜め45度にジャンプ。テンポよく3回連続で行い、3回目の着地はとくにピタッと止めること

！ 力を一気に発揮（力の立ち上がりが大事）

バウンディング

目的	シャープニー、ヒップヒンジと地面の反発力を使ってスプリント力を向上させるメニュー。地面の反発力を活用するためには、足の接地時間を短くし、トータルアーチを描いて飛び出すことがポイント。左右交互と片足の2パターンで行う。

対応するプレー
ラン、ダッシュ、ステップ

回数	**20〜30**メートル×**2〜3**回	ターゲットの部位	股関節、全身

両足で

1

2

ヒップヒンジ

アイズアップ

トータルアーチ

シャープニー

片足で

1

2

× 円背姿勢で目線が下がっている。膝もシャープニーになっていない。

! 下肢への衝撃が強いため、体重支持筋力が低い場合や、アキレス腱炎、シンスプリント、オスグッド病、ジャンパー膝の場合は、必ずトレーナーなどに相談してから回数や距離を段階的に上げていくこと。

Part
1
パフォーマンスプレップ

Part
2
メディカルプレップ

Part
3
フィジカルプレップ

Part
4
スキルプレップ

Part
5
コンディショニング

両足で

1〜4　まずは左右交互に足をつくパターン。お尻をしっかり使い、腕を振って、高さよりも水平方向を意識して前に飛び出す。膝を鋭く動かし、地面の反発力を使うために接地時間はできるだけ短く。飛び出す際は体がトータルアーチを描くように全身を使って

片足で

1〜4　次に片足だけで行うパターン。左右交互よりもバランスをとるのが難しくなる。地面の反発力を使って進むことを意識し、飛び出したときに体がピンと伸び切っているのが理想

3

4

3

トータルアーチ

4

✕　1回1回の着地でクッションが入るのもNG。地面の反発力を生かせず、スプリント力につながらない。

レジステッドアクセル

目的 ゴムチューブの抵抗がある中でダッシュし、スタートからの加速力を高めるためのトレーニング。最初の5歩のアクセラレーション（加速）を意識して行う。前傾姿勢を維持したまま、シャープニーができるようにする。

対応するプレー
ラン、ダッシュ、ステップ

回数 **10**メートル×**3〜5**回　**ターゲットの部位** 股関節、全身

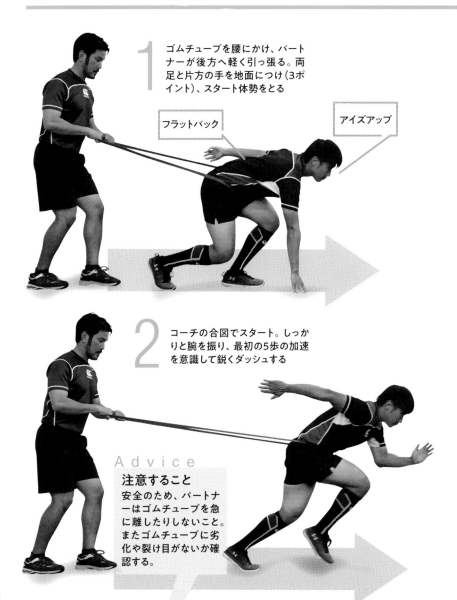

1 ゴムチューブを腰にかけ、パートナーが後方へ軽く引っ張る。両足と片方の手を地面につけ（3ポイント）、スタート体勢をとる

フラットバック

アイズアップ

2 コーチの合図でスタート。しっかりと腕を振り、最初の5歩の加速を意識して鋭くダッシュする

Advice
注意すること
安全のため、パートナーはゴムチューブを急に離したりしないこと。またゴムチューブに劣化や裂け目がないか確認する。

Part
1
パフォーマンスプレップ

Part
2
メディカルプレップ

Part
3
フィジカルプレップ

Part
4
スキルプレップ

Part
5
コンディショニング

Advice

ゴムチューブは加速力を高める

使用することで加速力を高めるゴムチューブ。いろいろな強度があるので、体力に応じて選ぶといい。

3　前傾姿勢を維持したまま、膝を鋭く高く、腕を振って加速する

4　ゴムチューブで後方へ引っ張られる力がかかる中でも、上体を起こさず、前傾姿勢を保って加速する。慣れてきたらバンドの位置を胸にしたり、左右にブラしたりして負荷を変える

前傾姿勢を維持

モニタリング

人によってプレーの特徴が違うように、課題も人それぞれ違います。ですから必然的に、課題を改善するために必要な方法も人によって変わってきます。それをチェックするのが、Part 2の最初に紹介した4つのアセスメントメニューです。

たとえば「低い姿勢がとれない」という場合、足首が硬くてできない選手もいれば、骨盤のヒンジ動作ができない選手、腰背部が硬くてできない選手もいます。「低い姿勢をとる」というゴールは一緒でも、ボトルネックになっている要素は人それぞれで違うわけです。その課題を見つけ出し、改善することで、より早く、確実にゴールにたどり着くことができます。

メニューに取り組むうえでは、課題が改善されているかをきちんと『モニタリング（観察）』することも大事になります。モニタリングした内容によって、「今日はここが硬くなっているからこのメニューをやろう」と、プレップをカスタマイズできるようになれば理想的です。毎日、自分自身でモニタリングし、必要なメニューを行えるようになることを目指しましょう。

こうした部分への意識の高さは、間違いなく競技力に比例します。トップ選手になるほど、自分のコンディションを整えるためのルーティーンをしっかりもっていますし、その中で何かおかしいことがあれば、自分からアクションもできます。ぜひ、自分自身のコンディショニングのルーティーンをつくり上げてください。

アセスメントでボトルネックになっている課題を見つけ出し、ストレッチやエクササイズでその課題を改善し、トレーニングを行ってゲームでのパフォーマンスにつなげる。このサイクルを効果的に回していくために必要なのがモニタリングだ。日々変化する体の状態を自分でモニタリングし、必要なメニューをカスタマイズできるようになると、コンディショニングがさらにレベルアップする

Part 4

スキルプレップ

ここまでのメニューで身につけたアスリートとしての
基礎的な体力を、ラグビーにつなげていくことが、
「スキルプレップ」のテーマです。
実際のプレーに近いメニューが多くなるので、
それをイメージしながら取り組みましょう。

グラウンド上での
パフォーマンス
発揮のための
『スキルプレップ』

フィジカルを鍛えるだけに
終わらせない

メディカルプレップとフィジカルプレップで養ったアスリートとしての基礎的な体力を、よりラグビーに特化して、実際のプレーにつなげていくのが『スキルプレップ』になります。ここがないと、せっかくのトレーニングもただフィジカルを鍛えるだけ、ただラグビーの練習をやるだけになってしまいます。

本パートで紹介するメニューを通して、高めた能力をグラウンド上のパフォーマンスとして発揮できるようにしていきましょう。

『コンタクトスキル』と
『ランニングスキル』

スキルプレップには、大きく分けて『コンタクトスキル』と『ランニングスキル』の２つがあります。

コンタクトスキルなら、相手と密着するところから始め、徐々にインパクトをつけ

ていき、さらにいろいろな動作からコンタクトする——という流れで、複合的な動作にレベルアップして、ラグビーのプレーにつなげていきます。

またランニングスキルでは、いかにランニングメカニクスを崩さず、さまざまな動作ができるか、という点が重要になります。

高校、大学、社会人とグレードが上がっていくにつれて、スキルのスピードもどんどん上がっていきます。速く走りながら速いパスを投げる、速く走りながら低い姿勢で動くというように、プレーが高速化していく。その極限が、代表チームなどインターナショナルレベルのラグビーです。

ランニングスピードを落とさずキャッチ、パス、タックルをできるように、ランニングメカニクスを維持しながら負荷をかけ、安定して速い動きができるようにしていくのが、このパートのテーマになります。

より実際のプレーに近いメニューが多くなるので、それをイメージしながら取り組んでみてください。

●パフォーマンスゴール（その日のフォーカス）に応じたプレップの組み合わせ例

アクティベーションデー

メディカルプレップ	フィジカルプレップ	スキルプレップ
相撲ツイスト P20	ダウンドッグ＆アップドッグ P80	ビンタ相撲 P130
ウォールヒップフレクサー P21	モンキーツイスト P98	手押し車 P140
クックリフト P32	ラテラルランジ＆クロスオーバーランジ P102	馬跳びくぐり P142
サイドベント P58	トルソサイドウォーク P110	アクアバッグシャープニー P152
カウキャット P60	ゾンビウォーク P112	ラテラルシャッフル＆ホールド P155
	ハイニーロール P116	

スピードデー

メディカルプレップ	フィジカルプレップ	スキルプレップ
シングルレッグスクワット P22	キャット P86	ヒップリフトツイスト P150
ステップカーフ＆カーレイズ P27	マウンテンクライム P88	シャープニーパンチ P151
サイドアダクタープランク P36	キリン＆スコーピオン P94	膝タッチ P146
シングルレッグRDL＆グレートハムレイズ P46	ヒップツイスト P104	キャリオカ P156
ウイングストレッチ P57	バウンスアップ P114	ラテラルバウンディング P158
	バウンディング P120	
	レジステッドアクセル P122	

コンタクトデー

メディカルプレップ	フィジカルプレップ	スキルプレップ
ウォールスクワット P18	ヒンドゥープッシュアップ P82	パメリング P128
片足バランス P28	アリゲーターウォーク P84	ベアポジション P134
クラムシェル P44	ダックウォーク P92	ベアネック P136
ベンチプルオーバー P54	モンキーターン P100	ヒット＆レッスル P138
バランスボールスタビリティ P65	2ポイントゲットアップ P106	膝つきレスリング P149
	トリプルジャンプ P118	レジステッドサイドステップ P154
	レジステッドアクセル P122	

回数やセット数は状況に応じて変更する。正しい動作で行えるようになったら、回数、セット数を増やし、スピードやテンポを上げて行うようにする。

Advice

テーマを決めてトレーニングする

日によって、体を活性化する、スピードを養う、コンタクト能力を上げる、といったテーマをチームで決めてトレーニングするのがおすすめ。本書の各メニューで紹介している「対応するプレー」を見て、スピードデーならラン、ダッシュ等、コンタクトデーならタックル、ブレイクダウン等の記載があるメニューを積極的に取り入れよう。アクティベーションデーは比較的簡単な基本動作のものを多く行う。個人で行うときも、メニュー組み立ての考え方は同じ。

パメリング

| 目的 | コンタクトプレーの準備として行うメニュー。2人で向き合った状態からお互い踏み込んで腕を差し込み、胸でヒットする。距離を離したり、移動やダウンアップの動作を入れたりするなど、バリエーションをつけて行う。 |

回数 10回 **ターゲットの部位** 体幹、下半身、上半身

対応するプレー
コンタクト、タックル、
ブレイクダウン

基本形

向き合ったところからパワーフット（当たる肩と同じ側の足を踏み込む）で踏み込みながら胸同士を当てると同時に、脇の下に手を差し込んでバインドする（相手を締める）

目線は上げながら相手の肩裏を見るように

前の手は相手の脇に差す

一方の手は相手の肘を取り、しっかりバインドする

フラットバック

パワーフットで踏み込む

✕ 足の踏み込みが浅く、相手との距離が遠いため強くヒットできない。バインドもできていない。

Part
1
パフォーマンスプレップ

Part
2
メディカルプレップ

Part
3
フィジカルプレップ

Part
4
スキルプレップ

Part
5
コンディショニング

移動パメリング

脇に手を差し込んでバインドした状態で、サイドステップで横へ3歩移動し、パメリングでヒット。左右往復で行う

1　2　3　4

ダウンアップパメリング

一度地面にダウンし、ワンモーションですばやく立ち上がって強い姿勢でセット。左右交互に入れ替えながら3回連続でヒットする

1　2

3

しっかりと踏み込み、深く手を差し込む

4

129

ビンタ相撲

目的 お互いに腕をつかみ、駆け引きで相手の体勢を崩してビンタできたら勝ち。肩周りのケガの予防が目的。相手の動きに応じて体幹と肩を同時に「固める・動かす」ことを繰り返すと、筋と神経系のアクティベートになる。

回数 **10**秒×**4**回　**ターゲットの部位** 肩、体幹

対応するプレー
コンタクト、タックル、
ブレイクダウン

1　2人で向き合い、お互いに左手で相手の右手首をつかんでセット（逆でも可）。そこから相手をビンタできれば勝ち。足の位置は動かさないこと

2　手を動かして相手のバランスを崩しにいく

体幹を固める

足は動かさない

3 アタックとディフェンスを同時に
行うため、どちらかに意識が偏る
と負けてしまう。その駆け引きが
ポイント

4 体勢を崩されて足が動くか、ビン
タされたら負け。ゲーム性が高く
レクリエーション的な要素もある

守りと攻めを同
時に意識する

手取り相撲

目的 コンタクト姿勢の基本となるベア姿勢で、体幹・肩周りの安定性と反応を高めることが目的。足を使って優位なポジションをとる動きを養うこともできる。手の動きだけで取りにいっても勝てないので、全身のトレーニングになる。

回数 10秒×2回　**ターゲットの部位** 体幹、肩、下半身

対応するプレー
ブレイクダウン、コンタクト、タックル 、スクラム、モール

1 ベア姿勢で向き合ってセット。膝は紙一枚ぶん浮かせ、背中を一直線に保つ

目線を上げる

体幹を固める

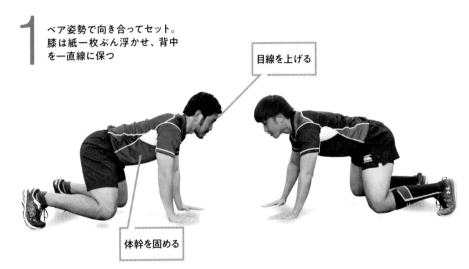

2 このように両手とも相手の手の上にのったら勝ち。ベア姿勢のまま動いて勝利を目指す

3 足をしっかり使って、安定して
動くことが大事。アタックとディフェンスの両方を意識することもポイント

4 体幹の安定性と、低い姿勢ですばやく動くことが求められる

守りと攻めを
同時に意識

5 頭をつけて首を使ってもOK。よりラグビーの動きに近いコンタクトプレップのメニューになる

Part
1
パフォーマンスプレップ

Part
2
メディカルプレップ

Part
3
フィジカルプレップ

Part
4
スキルプレップ

Part
5
コンディショニング

ベアポジション（リアクション、プレッシャー、ベア親子）

目的 前項に続きベア姿勢で、より体幹に負荷をかけて強度を上げたメニュー。フラットバックを保ち、目線を上げて、膝を低くして動くことがポイント。地面に近い位置でのプレーに直結する動作で、強いコンタクト姿勢にもつながる。

回数 10秒×2回 **ターゲットの部位** 体幹、肩、下半身、首

対応するプレー
ブレイクダウン、コンタクト、タックル、スクラム、モール

リアクション

1 まずはリアクション。ベアポジションで向き合ってセット。膝は地面すれすれに保ち（ニーダウン）、背中は一直線に。合図でスタートし、相手のお尻にタッチしたら勝ち

フラットバック

アイズアップ

ニーダウン

2 つねにフラットバック、アイズアップ、ニーダウンを維持しながら、すばやく動く

3 お尻にタッチするためには、手取り相撲に比べ、より相手の背後に回らなければならないため、難度が高い。首、肩、体幹とフットワークで、相手の懐に入ることを意識

✕ 頭が下がり、お尻と膝が上がった状態はNG。衝撃を受けるとバランスが崩れやすい。

Part
1
パフォーマンスプレップ

Part
2
メディカルプレップ

Part
3
フィジカルプレップ

Part
4
スキルプレップ

Part
5
コンディショニング

プレッシャー

1 次にプレッシャー。ベアポジション
でセットし、パートナーが背中に手
を当てて前後左右に揺さぶる。練
習者は固まって姿勢を維持する

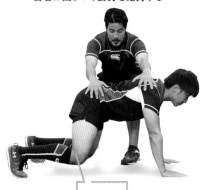

ニーダウン

2 これは首も含めて揺さぶるパターン。
慣れてきたら、激しく揺さぶったり、
肩から相手を押したりしてもいい

ベア親子

1 ベアポジションの練習者の上に、
パートナーが背中合わせでのる。
その状態で練習者が前に進む

パートナーが落
ちないようフラッ
トバックを維持

2 これはパートナーが下になって首に
ぶら下がりながら前に進むパターン。
首を強調したトレーニングになる

> ✕ 膝とお尻が上がり、目線も下がってい
> る。踏ん張ろうとしてついこの体勢に
> なりがちなので、注意。

ベアネック

目的 ラグビーにおいて首の強化は必須だ。重傷事故防止の観点だけでなく、しっかりと首を使うことでタックルやブレイクダウンの強化にもつながる。負荷の低いメニューから始め、徐々に負荷の高いメニューにレベルアップしていく。

回数 **10回** **ターゲットの部位** 体幹、首

対応するプレー
タックル、コンタクト、ブレイクダウン、スクラム、モール

1 ベアポジションになり、パートナーに首を押してもらう。下左右3方向行う

フラットバック

アイズアップ

2 慣れてきたら片手を上げて3点支持で行う。軸がとりづらく、首を安定させるのが難しい。実際のラグビーでは、こういう状況が多い

Variation

首と腰に手を当てて
ベアポジションでパートナーが首と腰に手を当て、腕立て伏せをする。両方のトレーニングになる

スキルプレップ 06 スキルポジションでの首の強化

首相撲

目的 こちらもラグビーで欠かせない首の強化のためのメニュー。動きの中で体幹を固めて安定した姿勢を維持し、首を強く使えるようになることで、重傷事故の防止とコンタクトプレーの強化につながる。

回数 **10**回 **ターゲットの部位** 体幹、首

対応するプレー
タックル、コンタクト、ブレイクダウン、スクラム、モール

1 2人で向き合い、お互い片手を首にかけて軽く腰を落とす

! 肩甲骨を寄せ、体幹を締めて安定した姿勢をとる

2 首に手をかけたまま、動いて相手のバランスを崩す

3 相手の首を引き寄せ、頭を自分の肩につければ勝ち

勝ち 　 負け

ヒット＆レッスル

目的 ブレイクダウンで相手をめくり、押し込むプレーをイメージしたメニュー。ポイントは倒れた状態から起き上がるスピードで上回り、優位な体勢から低くヒットして腕を差し込み押し上げること。速さと低さを意識する。

回数 左右**5**秒×**2**回 **ターゲットの部位** 体幹、下半身

対応するプレー
ブレイクダウン、コンタクト、タックル

1 お互いに向き合い、地面にダウンしたところからスタート。はじめは50cm～2mの距離で

2 合図ですばやく起き上がる。P114「バウンスアップ」を生かし、両手で地面を押しながら足を鋭く前へ引き上げる

ワンモーションですばやく起き上がる

⚠ 姿勢が悪いと出足が遅れる

Part
1
パフォーマンスプレップ

Part
2
メディカルプレップ

Part
3
フィジカルプレップ

Part
4
スキルプレップ

Part
5
コンディショニング

3 起き上がると同時にコンタクトできる体勢になっていることが理想。このときのポジションで優位に立つことが、ヒットで差し勝つことにつながる

相手より速くセットする

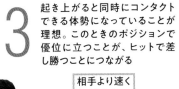

4 脇をしっかり締め、低い姿勢で相手の脇の下に腕を差し込む。これにより相手は腕を差し込めず、姿勢が浮きやすくなる。下から相手を押し上げながらドライブし、ドミネート（相手を力で圧倒する）して押し切れば勝ち

相手の脇に腕を差し込む

手押し車

目的 不安定な状態で体幹をしっかりと固め、肩甲骨まわりを動かすメニュー。背中を一直線に保ち、目線を上げて行うことがポイント。さまざまなパターンを行うことで、トレーニングの強度が上がる。

距離 **10〜20**m **ターゲットの部位** 体幹、肩甲骨まわり、胸

対応するプレー
コンタクト、ブレイクダウン

まずは通常のパターン。練習者は両手を地面につき、パートナーが両足を持って前へ進む。体幹を固め、背中を一直線に維持したまま動く

フラットバック

膝は伸ばしたまま

（前から）
地面に手をつくため目線が下がりがち。アイズアップを意識する

アイズアップ

✕ 目線が下がり、お尻が上がって背中が曲がるのはNG。コアを固められていない状態。

Part
1
パフォーマンスプレップ

Part
2
メディカルプレップ

Part
3
フィジカルプレップ

Part
4
スキルプレップ

Part
5
コンディショニング

手押しプッシュアップ

1 次に手押しプッシュアップ。手押し車の状態で、腕立て伏せの要領でジャンプしながら前へ進む

2 トレーニングの負荷が上がる中でも、しっかりと体幹を固め背中を一直線に保つ

フラットバックを維持

Variation

片足を持って行う

パートナーが横に立ち、片足だけ持って行うパターン。片足で体幹を支えなければならないのでより強度が上がる。軸を保ち、片手で足を持つと、パートナーのコアのトレーニングにもなる

馬跳びくぐり

目的 跳ぶ、くぐり抜けるという動作を、連続して行うメニュー。体育の授業などでも行う一般的なトレーニングだが、すばやくディップ（前傾姿勢で両手をつく）してペア姿勢でくぐり抜けることで、タックルやブレイクダウンでの低さを獲得できる。

回数 連続**10**回 **ターゲットの部位と能力** 体幹、股関節、全身のバランス

対応するプレー
タックル、ブレイクダウン、グラウンドワーク

1〜4 パートナーが台(馬)になり、練習者は後方からスタート。跳び箱のように台をジャンプして越える。まずは台に当たらないようしっかりと跳んで越えること。着地したらすばやくターンし、前を見て周囲の状況を確認する

5〜8 そこからディップして、台の股下をくぐり抜ける。このとき、背中が曲がって腰が上がり、頭が下がると弱い姿勢になる。ペア(P90)やアリゲーターウォーク(P84)でしっかり目線を上げ、フラットバックを保ってすばやくくぐり抜け、ターンしてセットポジションに戻る。これを連続で繰り返す

3

着地後はすばやくターン

4

周囲の状況を見る

6

アイズアップ

5

フラットバック

地面に膝をつけない

膝を落とす

プッシュプル

| 目的 | 相手をバインドした状態で押し合い、引き合うタックルやブレイクダウンを想定したメニュー。最初は個別に行い、慣れてきたらコーチのコールでプッシュ、プルを切り替えて行う。しっかりと自立した状態からのすばやい切り替えが必要になる。 |

対応するプレー
タックル、ブレイクダウン、グラウンドワーク

〔回数〕 **20**秒×**3〜5**セット 〔ターゲットの部位〕 体幹、下半身、反応

プッシュ

1 まずはプッシュから。お互いに低く強い姿勢をとり、片方の腕（写真では右）を相手の脇に差し込んで組み合う。両者の中央にラインがある位置でスタートすると勝敗がわかりやすい

相手に体を預けず自立する

ヒップヒンジ

2 コーチの合図でスタート。低く前傾姿勢を保ったまま、相手と押し合う。足が前に出ず前のめりになると弱い姿勢になるので、しっかり足を前に出す（フットポジションをとる）こと

フラットバック

! 脇を締めて強くバインド

足を出して前に出る

3 中央のラインを越えるまで押し切ったら勝ち

144

プル

4

次にプル。プッシュと同様にフットポジションをとって腕を差し込み、組み合う

しっかりと
自立する

！ 脇を締めて引き
落とすように

5

コーチの合図でお互いに引き合う。相手を強くバインドしたまま、後方に下がるようにして相手を引く

！ 脇を締めて引
き落とすように

6

中央のラインを越えるまで引き込んだら勝ち。コーチの合図でプッシュ、プルを切り替える場合は、スタート時にすぐに切り替えられる状態を保っておくことがポイントになる

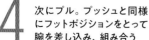

Part
1
パフォーマンスプレップ

Part
2
メディカルプレップ

Part
3
フィジカルプレップ

Part
4
スキルプレップ

Part
5
コンディショニング

膝タッチ

目的 鋭く間合いを詰め、低くタックルに入ることをイメージしたメニュー。低い姿勢のまま足を動かし、瞬時に重心を落としてタッチにいくことがポイント。前のめりになると弱い姿勢になるため、つねに強い姿勢を維持することも重要。

対応するプレー
タックル、ブレイクダウン、グラウンドワーク

回数 **20**秒×**3～5**セット **ターゲットの部位と能力** 下半身、体幹、反応

フラットバック

アイズアップ

ヒップヒンジ

1 お互い向かい合ってフットポジションをとる。背中をまっすぐに保って腰を落とし、目線を上げること

2 コーチの合図でスタート。動きながら相手の膝にタッチする。つねに低い姿勢を保ち、足を動かし続ける

ベタ足にならない

！ 後ろ膝を落とし重心を低く前へ出る

3 膝にタッチしたら勝ち。前のめりにならず、瞬時に重心を低くしてタッチを狙う

Variation
引き落としありの膝タッチ

1 引き落としありのパターン。お互い向かい合ってフットポジションをとる。背中をまっすぐに保って腰を落とし、目線を上げること

2 相手の足が出ず前のめりになっていたら、頭や肩を押さえて引き落とす

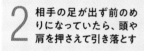

膝を落とせていないのでNG

3 手や膝を地面についたら負け。弱い姿勢にならないよう、足を前に出すことが重要

ゲットアップ（パートナー）

目的 ブレイクダウンでは、倒れているところで味方や相手にのられて、出られないケースがままある。そこからすばやく抜け出して、次のプレーに移れるようになるためのメニュー。これまで解説したグラウンドワークの動きを使って抜け出す。

対応するプレー
グラウンドワーク、ブレイクダウン

【回数】**10**秒×**3〜5**セット 【ターゲットの部位】体幹、全身

うつ伏せ

1 練習者がうつ伏せになり、パートナーがその上にのる。最初は上にのるだけの状態から始め、慣れてきたら徐々に押しつける力を強くする

2 コーチの合図でスタート。上にのっているパートナーをどかせて抜け出す

3 すばやく起き上がり、次のプレーに備えてポジションをとる

仰向け

1 次に仰向けのパターン。うつ伏せよりも抜け出すのが難しい。相手との間に腕を入れて……

2 跳ね上げて隙間をつくると同時に、頭方向へ抜け出す

3 P106の「2ポイントゲットアップ」の要領で起き上がる

膝つきレスリング

目的 ブレイクダウンで絡みにきた相手をはがしたりする動きをイメージしたメニュー。膝をついて組み合った状態から、相手を倒したら勝ち。しっかりとバインドし、自分の重心に相手を引き込んでコントロールするのがコツ。

回数 **10〜20**秒×**3**回 **ターゲットの部位** 体幹、股関節、全身

対応するプレー ブレイクダウン、グラウンドワーク

1 両膝をついた状態で向き合い、片手を相手の脇に差し込んで組む

体幹を固め、フラットバック

2 コーチの合図でスタート。バインドして自分の重心に相手を引き込み、バランスを崩す

脇を締めて強くバインド

3 相手を倒したら勝ち

✕ 白熱してくると、つい片方の選手が立ち上がってしまうことがある。この状態はケガをしやすく危険なため、すぐに止めること。

✕ さば折りのように腰を反ってしまうのも危険。しっかりコアを固めて行う。

ヒップリフトツイスト

目的 お尻の筋肉を使って推進力を生み出し、スピードを上げながら横からきたパスをキャッチ、パスするという、ラグビーのスキルにつながるメニュー。ツイストの可動域を広げる目的もある。

対応するプレー
キャッチ、パス、ラン

回数 **10**回 **ターゲットの部位** お尻、股関節、体幹

両足パターン
仰向けになり、膝を曲げて体幹を浮かせる。両手でボールを持ち、左右にツイストする

片脚パターン
できるようになったら、P32「クックリフト」の要領で片足を上げて行う

体幹を固め、お尻を使って上げる

横から
お尻が落ちたり、体を反りすぎたりせず、体幹を固める

横から
この形を回転させると、お尻をしっかり使って走っている形になる。その状態で左右のツイストの動きを向上させる

シャープニーパンチ

目的 体の軸をまっすぐ保ったまま、さまざまな方向に手を動かしてキャッチ、パスをすることをイメージしたメニュー。手の動きに引っ張られることなく、前後左右どこから見ても、体がスティックの状態を保つことが重要だ。

対応するプレー
キャッチ、パス、ラン

回数 10回　**ターゲットの部位** 体幹、お尻、股関節

1
両手でボールを持ち、片足立ちになる。スティック、アイズアップを意識する

2
持ったボールを前、右、左とパンチ（鋭く突き出し、戻す）する。手の動きに引っ張られて軸が崩れないように

体幹を固め、軸を一直線に保つ

レベル表
レベル1	片足立ちのまま
レベル2	その場でランニングしながら
レベル3	前方にランニングしながら

横から
股関節を折って足を上げ、スティックの状態を保つ

✕ バランスをとろうとして体を腕と逆方向に倒し、軸がぶれている。足が開いたり、猫背になったりするのもNG。

アクアバッグシャープニー

目的 アクアバッグは中の水が動くことで前後左右にブレやすくなる。その状態でも体の軸を維持するトレーニング。ツイストは、ストレートランをしながらスピードを落とさずにキャッチ、パスを行うことにつながる。

回数 **10**回 **ターゲットの部位** 体幹、下半身、股関節

対応するプレー
キャッチ、ラン、ステップ

アクアバッグを両肩にかつぎ、片方の膝を曲げて足を上げる。リズムよく足を入れ替えて上げ下げを繰り返す。アクアバッグの重さに引っ張られず軸を保つこと

ツイスト

できるようになったらツイストの動作を入れる。足の入れ替え4回に1回、またはコーチの合図に合わせて、上半身をひねる。軸を維持したまま上半身だけをツイストできるようになることで、キャッチ時にスピードが落ちず強い姿勢も保てる

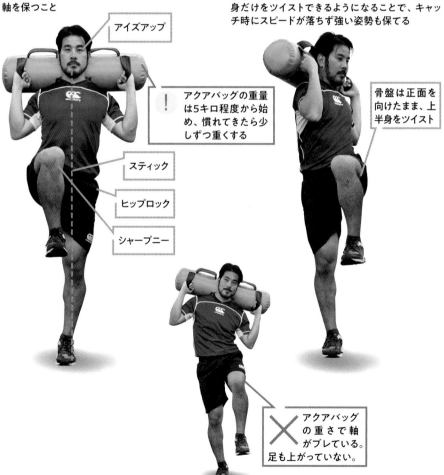

アイズアップ

! アクアバッグの重量は5キロ程度から始め、慣れてきたら少しずつ重くする

スティック

ヒップロック

シャープニー

骨盤は正面を向けたまま、上半身をツイスト

✕ アクアバッグの重さで軸がブレている。足も上がっていない。

Variation
オーバーヘッドレジステッドアクセル

Part
1 パフォーマンスプレップ

Part
2 メディカルプレップ

Part
3 フィジカルプレップ

Part
4 スキルプレップ

Part
5 コンディショニング

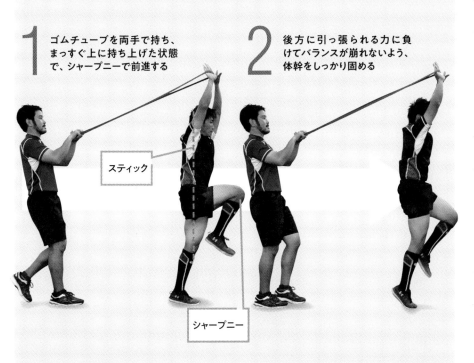

1 ゴムチューブを両手で持ち、まっすぐ上に持ち上げた状態で、シャープニーで前進する

スティック

シャープニー

2 後方に引っ張られる力に負けてバランスが崩れないよう、体幹をしっかり固める

3 足が接地する際に体がスティックになることで、地面の反発力を生かせる

4 リズムよく足を入れ替えて前に進む

153

レジステッドサイドステップ

目的 ステップで横方向へ鋭くカットする動きをイメージしたメニュー。横方向にゴムチューブが引っ張られる中で、後ろの足を下ろして地面を押すと同時に、前足（リードフット）を上げながら骨盤を横へ移動し、進む。ワンステップでのカットを意識する。

回数 **10**メートル×**3～5**回 **ターゲットの部位** 股関節、体幹

対応するプレー
ステップ

1 ゴムチューブを腰にかけ、パートナーが横方向から軽く引っ張る

スティック

2 上げた後ろの足を鋭く下ろして、地面を押すと同時に前の足を上げ、横方向にカットする

! 前足を上げながら骨盤を横に移動させるイメージ

3 1の姿勢に戻る。これを繰り返しながら横へカットして進んでいく

! 上方向ではなく、水平に横方向へ鋭く移動する

スキルプレップ ⑱ 強い姿勢を保って横に動く

ラテラルシャッフル&ホールド

目的 横方向に動く中でしっかりと重心を維持し、強いポジションを保つためのメニュー。これによってすぐに次の動きに移れるようになる。ローポジションでテンポよく横へ動き、最後にピタッと止まることが重要だ。

回数 10回 **ターゲットの部位** 体幹、下半身

対応するプレー
ディフェンス、フットワーク

1

ローポジション

2

アイズアップ

！ 前足を上げながら骨盤を移動させるイメージ

3

4

！ 足を高く上げすぎず、ミッドカーフ（すねの真ん中）の高さでOK

5

6

フィニッシュでピタッと止まる

1〜6 マーカーを50cm間隔で4つ並べ、端からスタート。進行方向の前の足（写真では左足）→後ろの足の順番でマーカーの間に足をつきながら、テンポよく横へ進む。低く強い姿勢（ローポジション）を保ち、最後にピタッと静止することが重要。重心を自分の軸に維持しながら横へ動けるようになることで、次への動き出しが速くなる

✕ 横へ移動する慣性の力に引っ張られて体勢が崩れている。一度体勢を戻してから次の動きに移らなければならないため、スタートが遅くなる。

キャリオカ

目的 切り返しの動作につながるフットワークのトレーニング。ポイントは、前を見ながら骨盤をしっかりと動かして足を切り替えること。足先だけ動かす動作は実際のプレーにはなく、スピードも上がらない。

回数 **10回** **ターゲットの部位** 股関節、体幹、下半身

対応するプレー
ステップ、ラン

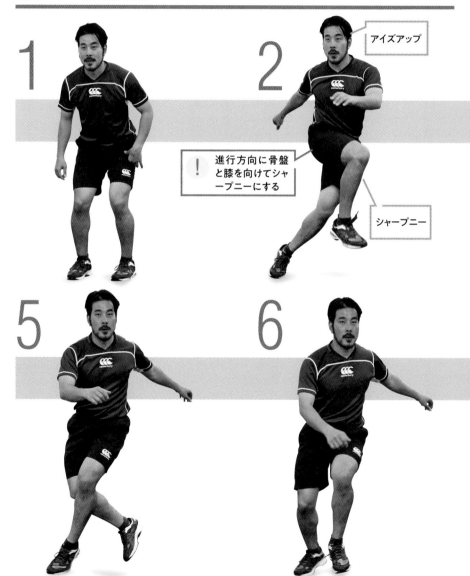

1

2

アイズアップ

! 進行方向に骨盤と膝を向けてシャープニーにする

シャープニー

5

6

$1\sim8$ 足を前後交互に入れ替えながら横に進む。ポイントは前を見ながら動くことと、骨盤をしっかり動かしてツイストすること。正確な動作でテンポよく足を動かせるようになることで、フットワークや切り返しの動作につながる。足先だけの動きにならないよう注意する

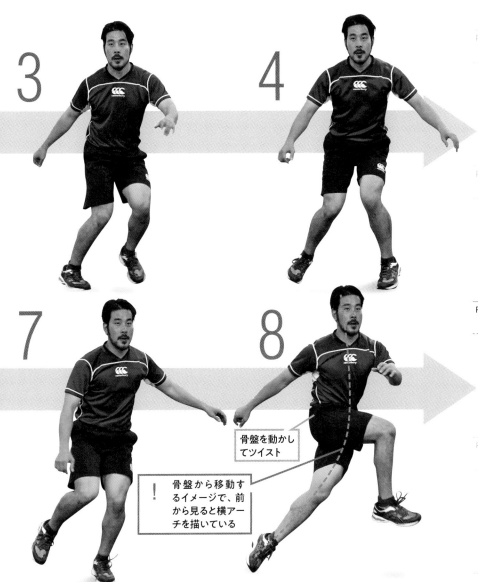

3

4

7

8

骨盤を動かしてツイスト

! 骨盤から移動するイメージで、前から見ると横アーチを描いている

Part
1
パフォーマンスプレップ

Part
2
メディカルプレップ

Part
3
フィジカルプレップ

Part
4
スキルプレップ

Part
5
コンディショニング

ラテラルバウンディング

目的 サイドステップなどのカット動作を向上させるトレーニング。着地後、慣性の勢いを減速させていいポジションで止まれることが、次の加速につながる。外側の足だけでしっかり止められる幅から始め、徐々に飛ぶ幅を広くしていく。

回数 **10**回 **ターゲットの部位** 下半身、お尻、股関節、体幹

対応するプレー
ステップ、ラン

(START)
1

2

6

1~6　ボールを持って片足立ちになり、横にジャンプ。反対側の足で着地し、止める。今度は逆方向にジャンプ。これを往復で繰り返す。カット動作を向上させるためには力強く踏み出すことが必要だが、慣性の力に引っ張られて着地後のポジションが崩れやすい。着地した瞬間にピタッと減速できることで、次の加速もできるようになる。大きく動く中で軸を維持できるようにしよう

3

4

!　骨盤を移動する
　イメージで

5

!　リードフットとプッ
　シュフット、同時
　に力を発揮する

力強く踏み出す

リカバリー

　厳しいトレーニングを行ったら、そのぶんしっかりと体をリセットし、次の強度の高い練習に備える準備をしなければなりません。『ハードワーク』を成立させるためには、『ハードリカバリー』が必要になります。

　リカバリーには、『チャージング』、『サーキュレーション』、『キュア』という3つの軸があり、これを『3C』と呼んでいます。まずはチャージングで、栄養と水分をしっかり補給する。サーキュレーションとは血液循環をよくしたりすることで、ストレッチもその一つになります。最後のキュアは「整える、回復させる」という意味で、一番重要になるのが睡眠です。ここが疎かに

なると、他に何をやっても体は十分には回復しません。この3Cのサイクルを、しっかりつくるようにしましょう。

　睡眠については、高校生以下なら9時間、大学生以上は8時間が目安です。大学生を対象にした調査では、8時間以上の睡眠をとった人と8時間未満の人で、ケガの発生率に差が出るというデータがあります。また成長期は骨を成長させるための休息が必要で、そのうえでさらに運動もしているので、大人以上に多くの休息が必要となります。リカバリーも、パフォーマンスプレップを構成する大切な要素の一つです。ハードワークとハードリカバリーのどちらか一方が欠けても、いい準備はできません。

リカバリーの目的とコンテンツ

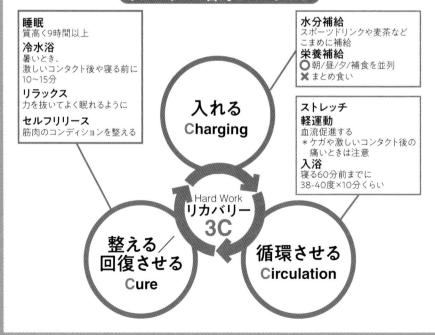

睡眠
質高く9時間以上
冷水浴
暑いとき、
激しいコンタクト後や寝る前に
10〜15分
リラックス
力を抜いてよく眠れるように
セルフリリース
筋肉のコンディションを整える

水分補給
スポーツドリンクや麦茶など
こまめに補給
栄養補給
⭕ 朝/昼/夕/補食を並列
❌ まとめ食い

ストレッチ
軽運動
血流促進する
＊ケガや激しいコンタクト後の
　痛いときは注意
入浴
寝る60分前までに
38-40度×10分くらい

入れる
Charging

Hard Work
リカバリー
3C

整える/
回復させる
Cure

循環させる
Circulation

Part

5

コンディショニング

「コンディショニング」とは、競技において最高の能力を
発揮し続けるトータルの持続力を指します。
この章では本書のまとめとして、
全身を使ったコンディショニングのトレーニングメニューを
紹介します。

パンケーキバーピー

目的 地面に倒れたあと、横回転ですばやく起き上がると同時に、前を見て周囲の情報を収集することを習慣づけるためのメニュー。

回数 **10**回 **ターゲットの部位** 全身、体幹

対応するプレー
グラウンドワーク、タックル、ブレイクダウン

5

4

ダウン時に胸をしっかりつける

6

外側の足で踏ん張る

7

肩と目線を戻るほうへ向ける

1〜5 立位からスタート。すばやくダウンして胸を地面につけ、横方向に転がる

6〜10 仰向けになったら外側の足で踏ん張り、反発力を使って反転してうつ伏せに戻る。このとき、肩と目線、足を戻る方向へ向けること。うつ伏せからバネのように全身を使って起き上がり、スティックになってフィニッシュ。左右交互に行う

Start

3

2

1

8

9

10

アイズアップして周囲の情報を収集

Part
1
パフォーマンスプレップ

Part
2
メディカルプレップ

Part
3
フィジカルプレップ

Part
4
スキルプレップ

Part
5
コンディショニング

Vシット

目的 Vシットは腹筋と腸腰筋で股関節の引き上げる力を強化するメニュー。ダウン後のすばやいロングリリースなどにつながる。

回数 10回 **ターゲットの部位** 体幹、股関節

対応するプレー
グラウンドワーク、コンタクト、フレイクダウン

1 仰向けになり、上げた手から足までが一直線になるような姿勢からスタート。手とかかとが地面につかないようにする

スティック

2 手と足を伸ばしたまま、腹筋と股関節を同時に使って引き寄せる

3 手と足を伸ばした状態でつま先にタッチ。1に戻り、繰り返す。全身のタイミングを合わせて上半身と下半身を上げ、骨盤から折りたたむこと

✕ 膝が曲がり、背中も丸まっている。

股関節だけ折りたたんでいる

プランクマーチ

目的 ラックなどで下敷きになっているところから、すばやく抜け出すための体幹トレーニング。地面に近い位置での動きの中で、フラットバックを維持することをイメージする。慣れてきたらパートナーやウエイトベストで負荷をアップする。

回数 10回 **ターゲットの部位** 体幹、肩まわり

対応するプレー
グラウンドワーク、コンタクト、ブレイクダウン

1
手、肘、つま先の6点を地面につけた状態で、頭から足までが一直線になるようにセット

スティック

2
体幹を固めスティックを維持したまま、片方の手を伸ばして上がる

フラットバックを維持

アイズアップ

3
両手を伸ばして上がり、手とつま先の4点で支える状態になる

スティック

4
最初に伸ばした手から順に曲げて、下に降りる

フラットバック

5
両方の手を曲げて1の状態に戻る。これを繰り返す

✕ 片腕を伸ばしたときに、バランスが崩れて腰が外に開いている。

デッドフィッシュ

目的 グラウンドワークの動作向上と体幹強化を合わせたトレーニング。ラックなどで下敷きになっているところからすばやく抜け出すような、さまざまな要素を含む総合的なコンディショニングメニューになる。

回数 左右**5**回ずつ **ターゲットの部位** 体幹、全身

対応するプレー
グラウンドワーク、タックル、ブレイクダウン

手と足をタッチ

1〜10

仰向けで手を頭上に伸ばし、手と足を地面から浮かせた状態でスタート。手足は地面につけず、体幹だけを使ってロールし、1回転したところでお腹を支点にして体を折り、Vシット（P164）。再び仰向けの体勢になり、逆方向にロールして元の位置に戻ってVシットする。これを繰り返す

✕ 手と足を地面についてロールしている。手足の力で回転できるため、体幹のトレーニングにならない。

Start

手と足は地面につけない

1

2

3

4

5

コンディショニング 05 体幹を安定させ、力を入れるタイミングを身につける

プッシュアップ（ラテラル、ローテーション、ショルダータップ）

目的 定番の筋力トレーニングである腕立て伏せを3つのバリエーションで行う。体幹の安定と力を入れるタイミングをつかむことが大事。どんなハンズポジションからでもすばやく起き上がる動作や、コンタクトで相手を押し返す強さにつながる。

回数 左右**10**回ずつ **ターゲットの部位** 胸、体幹、肩まわり

対応するプレー
グラウンドワーク、コンタクト、ブレイクダウン

ラテラルプッシュアップ

1 手を肩の真下につき、頭から足までが一直線になるよう体幹を固めてセット

アイズアップ

スティック

2 片手のみ外に開き、ワイドポジションになる。外に重心を動かすことで、体幹の安定性が必要になる

3 プッシュアップ後、1に戻り、今度は逆側に手をついてプッシュアップ。交互に繰り返す。ワイドになることで、より胸の外側の筋肉が鍛えられる

肩甲骨を締める（スクイーズ）

Part
1
パフォーマンスプレップ

Part
2
メディカルプレップ

Part
3
フィジカルプレップ

Part
4
スキルプレップ

プッシュアップローテーション

1 ラテラルプッシュアップの1と
同様に、頭から足までが一直
線になるようにセット

スティック

2 体幹を固めスティックを維持し
たままプッシュアップ

3 体を持ち上げながら片方の手
を上げ、左右の手が一直線
になったところで1秒ホールド。
左右交互に繰り返す。目線を
動かして手を誘導することで、
体がスムーズに動く

アイズアップ

スティック

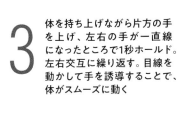

ショルダータップ

1 ラテラルプッシュアップ
の1の姿勢からプッシュ
アップ

2 体幹を固め、スティック
を維持したまま体を持
ち上げる

3 上がったところで片手を
上げて逆の肩をタップし、
1秒ホールド。左右交互
に繰り返す。腰が回旋
したり、曲がったりする
のはNG

スティック

アイズアップ

スティック

アイズアップ

ゲームコンディショニング解説

目的 加速と減速、方向転換にコンタクトプレーも加わるラグビーでは、ランニング的なフィットネスだけでなく、実際のゲームに即したフィットネスを身につける必要がある。ここではその考え方と、具体的な方法を解説する。

試合よりも高強度で行う

ラグビーにおけるフィットネスを高めるためには、これまでに紹介したコンディショニングメニュー（動作改善のためのファンクショナルトレーニング）だけでなく、一般的な『ランニングコンディショニング』、『ゲームコンディショニング』（実際のゲームの流れに即したフィットネスを向上させるためのコンディショニング）を行うことが必要になる。

『ゲームコンディショニング』の具体的な方法としては、条件やルールを変えながら、高めたい体力にフォーカスしたり、ゲーム中に起こしたいプレーを多く発生させたりする——というやり方がある。フィットネスを高めるためのポイントは、"試合よりも高強度で行う"ということ。そのために、ゲームとランニング、コンタクトを組み合わせて、さらに強度を上げることも可能だ。

ただし、対象選手のスキルレベルに合わせて条件およびルールを設定しないと、十分な強度を引き出せないケースがある。また、強度だけが高くなってスキルが雑になっては意味がないので、ラグビーのコーチと共同でメニューを作成することが重要になる。

ゲームコンディショニングの例

実際の試合よりも高強度の練習を行うために、試合形式練習とコンディショニングを組み合わせたサーキットの例。一つ目は試合形式練習を優先し、コンディショニングでさらに強度を高めるパターン。二つ目は先にコンディショニングを行い、疲労した状態で試合形式練習を行うパターン。目的に応じて、内容や順番を変更する。

注意事項：はじめは、ベースのフィットネスが低かったり、強度が高すぎたりすることにより、スキルや判断の質が著しく落ちることもあるため、コンディショニングの時間を1分から開始し徐々に伸ばしていく。シーズンや大会に向けて、最終的にはゲームコンディショニングでいかに負荷を上げて、タフな環境で正しい動きや判断ができるかを目指す。

一人あたりのプレー面積を算出する

それでは、ゲームコンディショニングの例を2つ紹介してみよう。一つは『高強度ランニング』（表1）、もう一つは『リロード（ダウン＆アップ）』にフォーカスしたゲームだ（表2）。

コンディショニング・ゲームを作成する際のポイントは、人数とスペースによって一人あたりのプレー面積を算出しておくこと。一般に、一人あたりのプレー面積を大きくするとランニング量が増え、小さくすると加速・減速や切り返しの回数が増える。

時間設定は、実際の試合中のボールインプレータイムを考慮し、2〜3分にする。これらの条件を設定することによって、試合の強度よりも高いゲームコンディショニングのメニューを作成することができる。

表1 ランニング（高強度ランニング）

人数	6対6(167m²/プレーヤー)
スペース	横40m×縦50m
時間	3分
休息	90秒(1:0.5)
セット数	3〜5セット
ルール	攻撃回数:3回 AT:ダウンボール&2枚目パス DF:タッチ〜自陣ゴールライン〜DF参加
m/分	ターゲット 100〜120m/分
HIS%	ターゲット 15〜20%
ACC/分	ターゲット 3〜5回/分

表2 ファンクショナル（リロード）

人数	6対6(100m²/プレーヤー)
スペース	横30m×縦40m
時間	2分
休息	60秒(1:0.5)
セット数	3〜5セット
ルール	攻撃回数:3回 タッチ:AT&DF全員ダウン
m/分	ターゲット 90〜100m/分
HIS%	ターゲット 5〜10%
ACC/分	ターゲット 5〜6回/分

GPSの活用法

なお、GPSデバイスを使用すると、より細かく、正確にゲームの強度を把握することができる。たとえばm/分（1分間あたりの移動距離）、HIS%（High Speed＝総移動距離に対する時速18km以上で走行した距離の割合）、ACC/分（1分間あたりの加速回数）などをモニタリングすることで、狙い通りのトレーニングが行えているかを確認することができる。近年はGPSデバイスの普及が進み、さまざまな年代で活用されるようになりつつあるので、参考にしてほしい。

メニュー構成例〈トップリーグや大学生の例〉

ストレングス & コンディショニング　1週間の練習はどのようなものか

● 1週間目　2週間目　3週間目　4週間目　5週間目　6週間目　7週間目

（月）**OFF**:リカバリー
体を回復するための軽い運動
交代浴
頭を整理する

（火）**インスタレーション**
:戦術・戦略の落とし込み
午前:ウエイト（上半身／水平方向）
午前:ミーティング
午後:**インスタレーション（チームユニット）** ウエイト（下半身プッシュ）
コンディショニング（**最大酸素摂取量**）

（水）**フィジカルラグビー**
:コンタクトあり
午前:ウエイト（上半身／垂直方向）
午後:ウエイト（下半身プル）
コンタクトがある中でのゲーム

（木）**ラグビーday**
:ゲーム中心
午前:ウエイト（体幹／パンプ）
午後:**速いスピードの中でのゲーム**
スキル & コンディショニング

（金）**OFF**
体を休める
状態の悪い選手⇒個人のスキルアップ練習

（土）**ゲームリハーサル**
:ゲーム準備
火・木の内容を時間を短くかつ**トップスピードで行うチーム練習**
短いウエイト、**スピードリハーサル**

（日）**試合**

●フェイズによってメニューに特徴はあるが、流れとしては上記
●試合日に合わせて微調整が発生する
●ウエイトはジムでのトレーニング。状況によって本書で紹介した各プレップのメニューも盛り込む
＊水平、垂直、プッシュ（押す）、プル（引く）は動作方向

大会へのピーキング例　試合を基準にした週ごとの計画

ピーキングまでの週	12	11	10	9	8	7	6	5	4	3	2	1	0
負荷設定	L1	L2	L3	DL	L4	L5	L6	DL	L7	L8	L9	DL	試合

フォーカス

週	12	11	10	9	8	7	6	5	4	3	2	1	0
			メディカル・フィジカルプレップ										
								スキルプレップ					
									ゲームコンディショニング				
											テーパリング		

		12	11	10	9	8	7	6	5	4	3	2	1	0
ストレングス	フォーカス	筋肥大>筋力				筋力>筋肥大				パワー>筋力>筋肥大				
	頻度(日数)／週	4	4	4	3	4	4	3		2～3				
スピード	フォーカス	メディカル／フィジカルプレップ				フィジカル／メディカルプレップ				スキルプレップメニュー				
	頻度(日数)／週	メディカル毎日　フィジカル2～3								2～3				
コンディショニング	ラン(日数)／週	2	2	2			1	1		1	1	1	1	TBC
	ファンクショナル(日数)／週	2	2	2	1	2	2			1	1	1	1	TBC
	ゲーム／週	スモールサイドゲーム（徐々に人数・スペース・負荷を増）							15vs15　コンタクトを含む					
コンタクト	強度	L	L	L	M	M	M	H	M	H	H	H	H	H
テスト				○		○				○				

［解説］

負荷設定 L1-L9 負荷を徐々に上げていき、試合2週間前に負荷のピークをもっていく

DL DownLoad（3週間負荷を上げていくため、4週間目は1度負荷を下げる《量を少なくし、強度は維持》）

頻度 あくまでも目安、全体のボリュームやコンディションに応じて調整すること

強度 L=Low（低）、M=Middle（中）、H=High（高）

TBC 試合週のコンディショニングは状況に応じて決める。ポジションや選手の状況によって個別調整することもある

テスト 定期的にストレングス、スピード、コンディショニングの測定を行う

＊ここでは、負荷は強度と量（時間）を掛け合わせたものを表す

ゴールを明確にして進む そのカギは『理解力』と『実行力』

　誰にでも成長の可能性はあります。ただし、成長できる時間は限られています。一定の期間の中でいかに自分に必要なもの、チームに必要なものを理解し、それを身につけるための計画を立てて、実行できるか。この『理解力』と『実行力』こそが、成長のカギであるとわれわれは考えています。

　そのためには、まずゴールを明確にし、必要な要素を見つけ出して、自分に合った準備をしなければなりません。本書では、その準備を行うための考え方や具体的な方法を解説してきました。

　ただし、ここで紹介したのはあくまでも一例です。この本以外からも、自分に必要な要素を見つけ出し、ぜひ自分なりの『パフォーマンスプリパレーション』をつくり上げていってください。

2012年にエディー・ジョーンズ氏が日本代表のヘッドコーチに就任した頃から、日本のラグビー界でも『フィジカル』への注目度が飛躍的に高まりました。そして、徹底的なフィジカル強化に取り組んだ結果、2015年のラグビーワールドカップで、南アフリカ代表から歴史的な勝利を挙げ、2019年のラグビーワールドカップ日本大会で、初めて決勝トーナメントに進出するという輝かしい結果を残すことにつながりました。

　ここからさらに上を目指すためには、一人ひとりの成長速度を速めることが重要になります。本書がその一助にもなれば幸いです。

　最後になりましたが、今回の書籍作成にあたり、多大なご協力をいただき、サンウ

ルブズでともに戦った濱野武彦トレーナーに敬意を表します。また、学生の頃から今まで、変わらずコンディショニング科学に関するご指導をいただいております国際武道大学の山本利春教授および皆様に心から感謝をいたします。

　そして、ラグビー日本代表は、日本代表活動中だけで強くなるものではありません。選手たちがこれまでに関わってこられたすべての皆様のお力がつながり、RWC2019の結果となりました。皆様に心から感謝をお伝えするとともに、次へのステージへ向けて、これからもどうぞよろしくお願いいたします。

2021年6月

太田千尋　臼井智洋

太田千尋 おおた・ちひろ

ラグビー日本代表ストレングス&コンディショニングコーチ
日本スポーツ協会公認アスレティックトレーナー
日本トレーニング指導者協会認定上級トレーニング指導者

1979年生まれ、千葉県出身。国際武道大学体育学部体育学科卒、国際武道大学大学院で武道・スポーツ医学系修了。2003年にトップリーグのクボタスピアーズのコンディショニングコーチに就任し、以後U20日本代表や慶應義塾大学、日本代表、サンウルブズなどでストレングス&コンディショニングコーチを歴任。2019年のラグビーワールドカップ日本大会でも日本代表に帯同し、史上初となるベスト8進出を支えた。パフォーマンスゴールシステム株式会社代表取締役。慶應義塾大学大学院システムデザインマネジメント研究科特任助教。

臼井智洋 うすい・ともひろ

ストレングス&コンディショニングコーチ
NSCA-CSCS（認定ストレングス&コンディショニングスペシャリスト）

1991年生まれ、東京都出身。早稲田大学スポーツ科学部卒。2014〜2015年ワセダクラブラグビーアカデミー、2014〜2016年江戸川大学男子バスケットボール部をサポート。2014年から2020年まで早稲田大学ラグビー蹴球部のストレングス&コンディショニングコーチを務め、2020シーズンはサンウルブズのアシスタントストレングス&コンディショニングコーチとしてチームに帯同した。現在はBring Up Rugby Academyでのコーチ活動に加え、御所実業高校をはじめ全国各地の高校でストレングス&コンディショニングコーチとして指導を行っている。

きょう ぎ りょく あ
競技力が上がる
からだ
体づくり

ラグビーの
フィジカルトレーニング

2021年6月30日　第1版第1刷発行

おお た ち ひろ
著　者／太田千尋
発行人／池田哲雄
発行所／株式会社ベースボール・マガジン社
〒103-8482
東京都中央区日本橋浜町2-61-9　TIE浜町ビル
電話 03-5643-3930（販売部）
　　　03-5643-3885（出版部）
振替口座 00180-6-46620
https://www.bbm-japan.com/

印刷・製本／広研印刷株式会社
©Chihiro Ota 2021
Printed in Japan
ISBN978-4-583-11247-3　C2075